AF218508

DIBUJAR

LA PERSPECTIVA

por Yves **Leblanc**

Traducción de Unai Velasco

GG

Quiero dar las gracias a todos mis estudiantes, que, con sus pertinentes preguntas y su atenta escucha, me han permitido adentrarme en el delicioso problema de la representación. Actualmente, buena parte de ellos se dedica, a su vez, a la enseñanza del arte y el diseño, lo cual me llena de orgullo.

Título original: *Dessiner la perspective*.
Publicado originalmente por Éditions Eyrolles, París, en 2024.

Diseño: Sophie Charbonnel

Cualquier forma de reproducción, distribución, comunicación pública o transformación de esta obra solo puede ser realizada con la autorización de sus titulares, salvo excepción prevista por la ley. Diríjase a Cedro (Centro Español de Derechos Reprográficos, www.cedro.org) si necesita fotocopiar o escanear algún fragmento de esta obra.

La Editorial no se pronuncia ni expresa ni implícitamente respecto a la exactitud de la información contenida en este libro, razón por la cual no puede asumir ningún tipo de responsabilidad en caso de error u omisión.

© de la traducción: Unai Velasco, 2025
© Éditions Eyrolles, 2024
para la edición castellana:
© Editorial GG, SL, 2025

Printed in Slovenia
ISBN: 978-84-252-3576-4
Depósito legal: B. 18791-2024
Impresión: GPS

Editorial GG, SL
Via Laietana, 47, 3.° 2.ª, 08003 Barcelona
(+34) 933 228 161
www.editorialgg.com

Índice

Introducción

Dibujar, ver y traducir

Nuestros ojos ven, mientras que nuestro cerebro percibe. La perspectiva se sitúa en el cruce entre la visión y la percepción.

Detrás de nuestros ojos, el cerebro procura establecer un vínculo entre la proyección hemisférica de la retina y el espacio que habita nuestro cuerpo. Un espacio tridimensional conformado por alturas, anchuras y profundidades. El dibujante, a su vez, trata de traducirlas al dibujo.

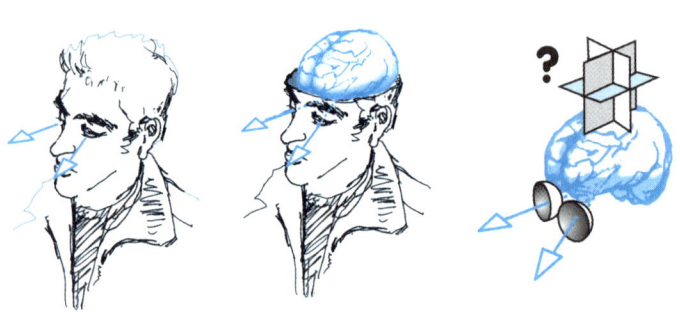

Dibujar un espacio

Se trata de trasladar a una hoja lo que podría calcarse sobre un cristal imaginario colocado entre nosotros y lo que vemos.

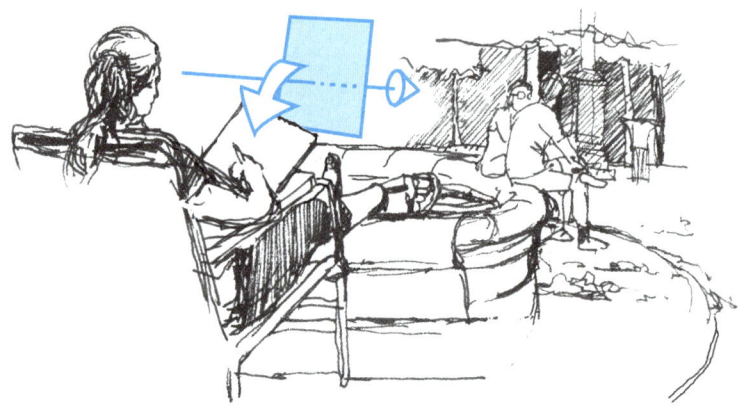

París, jardín del Palais-Royal

El proceso

Las primeras tres nociones de esta obra (el campo visual, el horizonte y el punto de fuga) se pueden abordar en cualquier orden, puesto que no guardan relación entre ellas.

El campo visual, que acabamos de introducir, nos remite a la conciencia de la zona que estamos mirando y el espacio que queremos representar.

El horizonte está relacionado con el espacio en el que estamos inmersos y la localización de nuestros ojos.

El punto de fuga hace referencia a la dirección de las cosas a nuestro alrededor puestas en relación con la dirección de nuestra mirada.

Una vez asimiladas estas nociones, podemos jugar con ellas y establecer ciertas deducciones que nos permitan reproducir **el espacio que percibimos**.

De esta forma, seremos capaces de señalar direcciones, definir **ángulos rectos** y calcular las **pendientes**.

Las **intersecciones** nos permitirán obtener **medidas** concretas y establecer **distancias** coherentes.

Después, nos ocuparemos de perfeccionar el espacio mediante **elipsis, sombras** y **reflejos**, retoques que aporten mayor credibilidad a nuestros dibujos.

Para terminar, mencionaremos brevemente el principio de la visión no horizontal gracias a la **perspectiva 3D** y las posibilidades de dibujar un campo visual aumentado mediante las **panorámicas**.

La perspectiva cónica

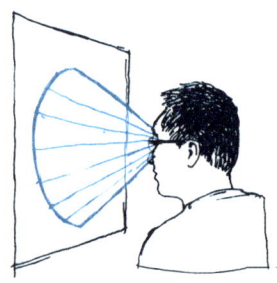

La perspectiva que estudiaremos en primer lugar se denomina **«perspectiva cónica»**, debido a que consiste en la proyección de un espacio a partir de un cono de proyección.

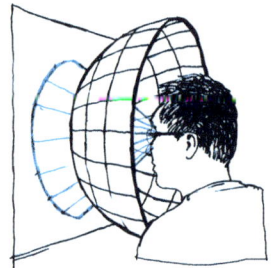

Dicha perspectiva es apenas una parte de la percepción **hemisférica** de nuestro entorno.

El campo visual

Nuestro campo visual es de unos 180°, pero apenas 120° son accesibles simultáneamente para nuestros dos ojos (60° a cada lado). Más allá, por mucho que seamos conscientes del espacio que nos rodea, es imposible traducirlo sin deformación.

Para conocer nuestro campo visual binocular, debemos reparar en los límites de nuestra visión izquierda-derecha con el ojo opuesto; de este modo obtenemos un ángulo global de 120°.

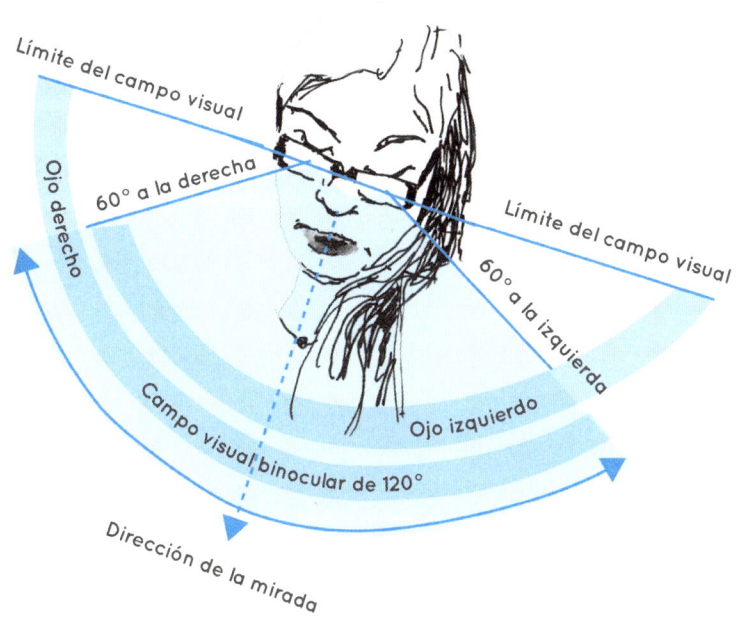

Nuestro campo visual se puede alterar con facilidad mediante unas gafas, ya que sus bordes actúan como puntos de mira suplementarios.

Las deformaciones

Percibimos el espacio que nos rodea de forma hemisférica. Pero dibujar consiste en restituir la escena en una **superficie plana**, lo cual provoca deformaciones cada vez más significativas conforme nos vamos alejando del espacio central de nuestra mirada (fig. 1).

Superados los 30° a un lado y otro de la dirección de nuestra mirada, el dibujo se expandirá un 60% y dejará de ser creíble. ¡A partir de los 45° las deformaciones serán del 170% (fig. 2)!

Por lo general, se aconseja no dibujar más allá de los 30° respecto a nuestro centro de visión, es decir, la mitad del campo binocular (fig. 3).

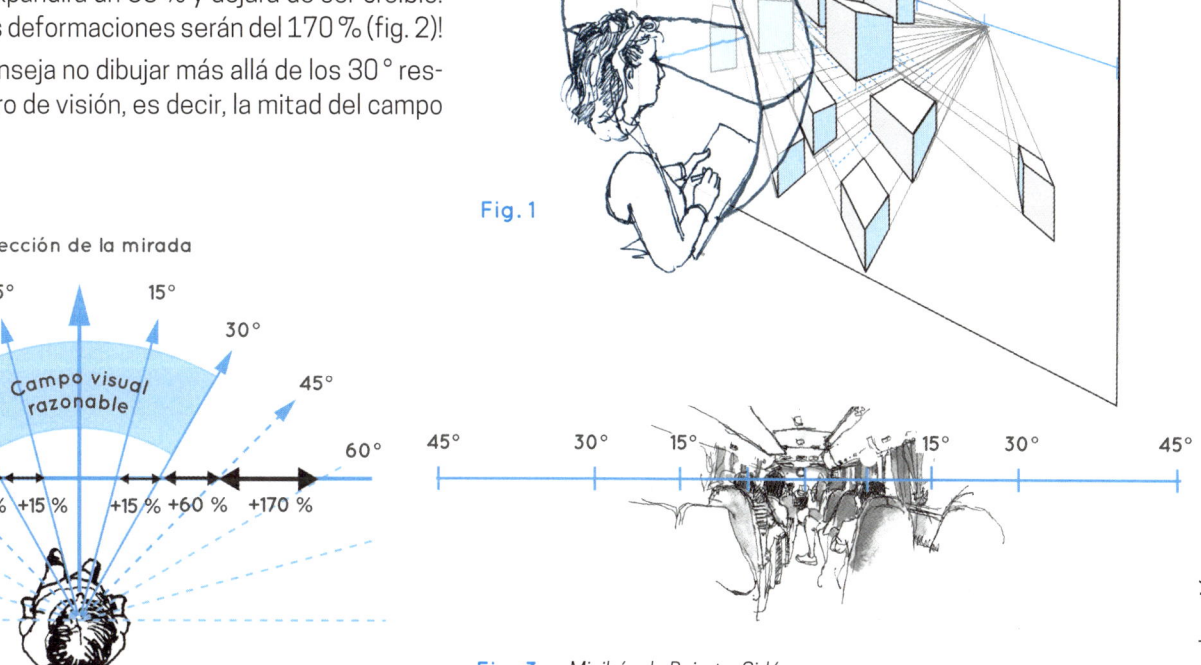

Fig. 1

Fig. 2

Fig. 3 *Minibús de Beirut a Sidón*

El horizonte

Los ojos del dibujante

Partiremos del principio de que nuestra mirada es horizontal. Si yo mido 1,70 m, mis ojos están situados a 1,60 m del suelo. Cuando dibujo de pie, los ojos de todos los personajes de mi tamaño están alineados en horizontal respecto a mis propios ojos (fig. 1). Lo mismo sucede con el paisaje: todo aquello que está a la altura de mis ojos se sitúa en mi horizonte (fig. 2).

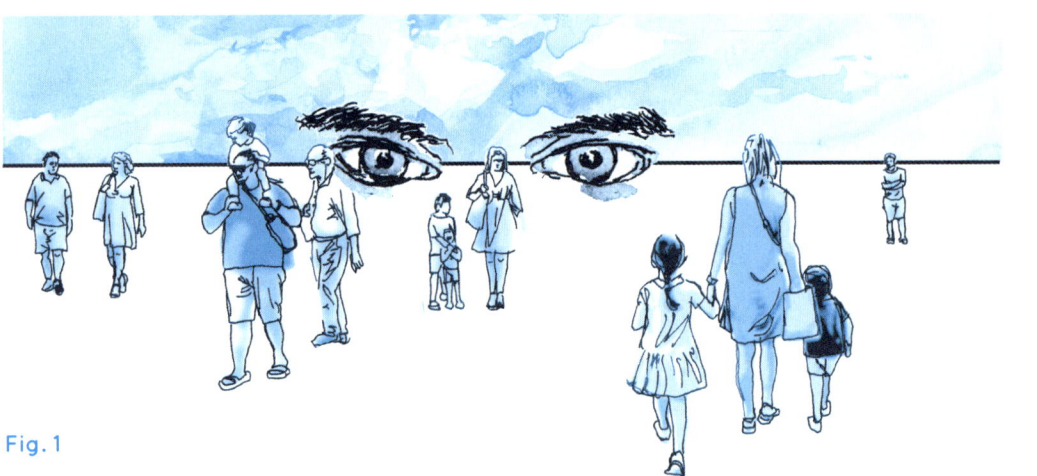

Fig. 1

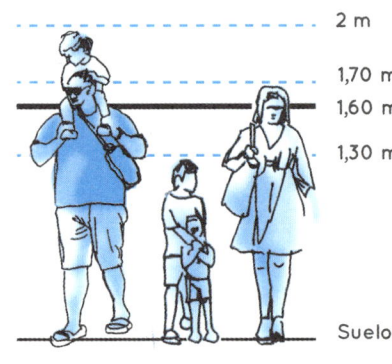

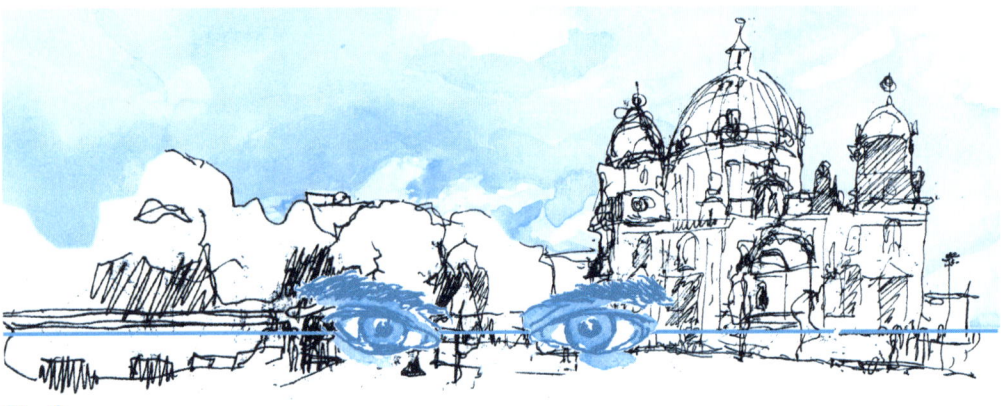

Fig. 2

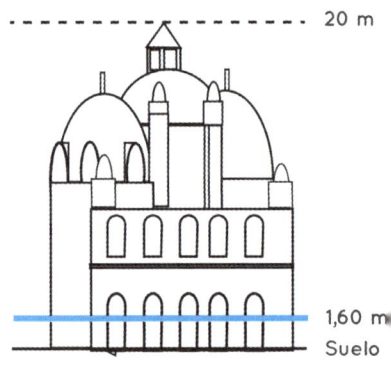

Los edificios son bastante más altos que yo.

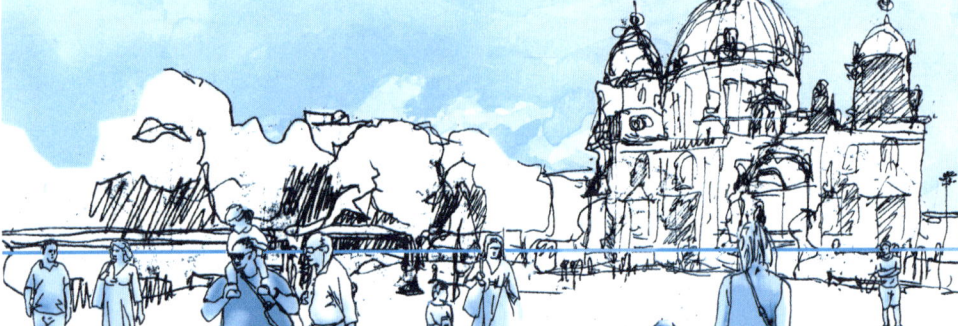

Fig. 3

Berlín, Berliner Dom

De modo que resulta fácil ubicar un personaje dentro de un dibujo, sea cual sea la distancia y el decorado, haciendo coincidir todos los elementos con mi propio horizonte.

Las nociones básicas

Horizonte = horizontal

Fijaos en que la palabra «horizonte» corresponde a lo que nuestros ojos perciben en horizontal.

Mi horizonte constituye un punto de referencia para todas las alturas de mi dibujo.

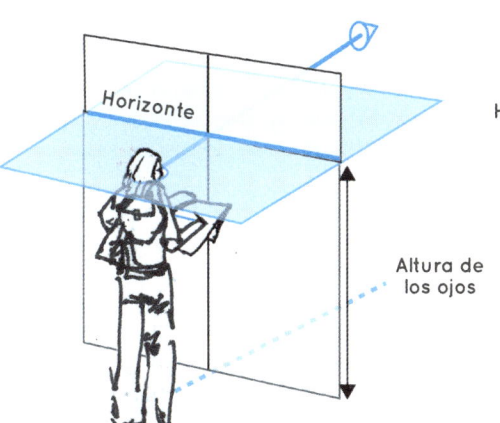

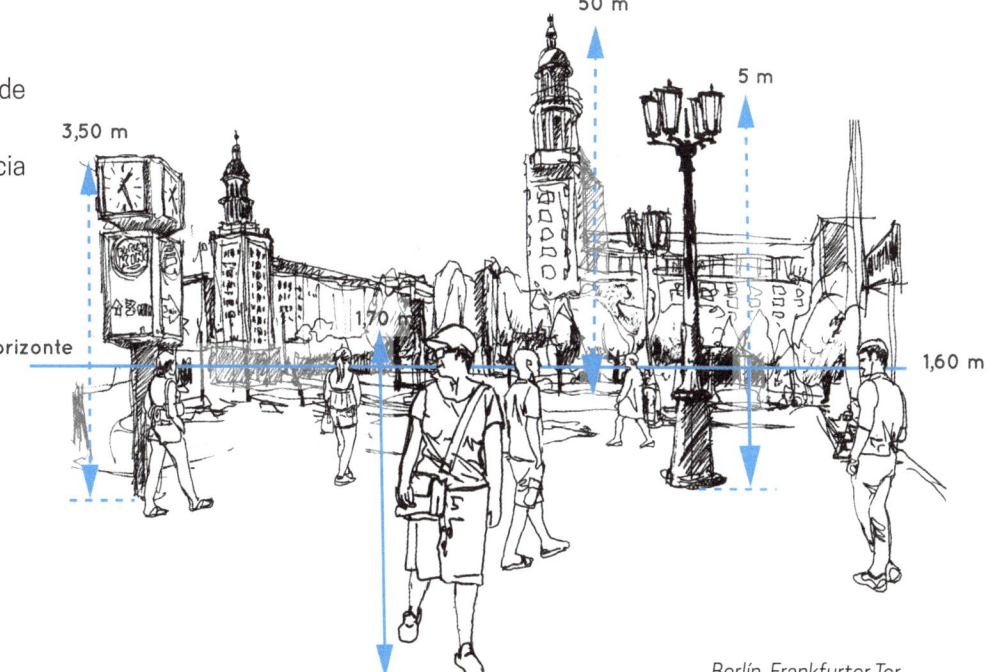

Berlín, Frankfurter Tor

Fijando su punto de vista

Aquí debajo, los ojos de la dibujante sentada se sitúan a 1 metro del suelo. Todo lo que se encuentra a ese nivel quedará alineado con ese mismo horizonte (por ejemplo, el ombligo de los adultos).

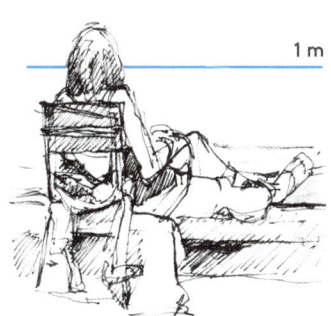

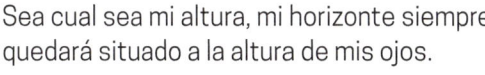

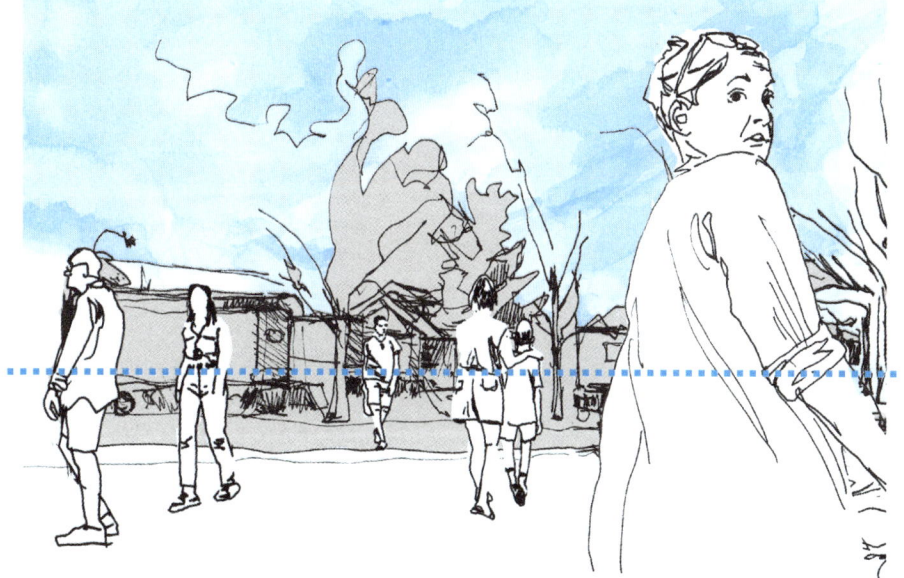

Vincennes, La Cartoucherie

Sea cual sea mi altura, mi horizonte siempre quedará situado a la altura de mis ojos.

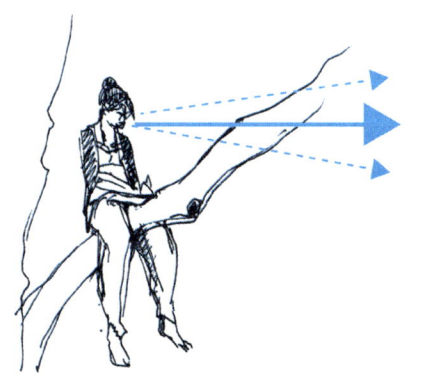

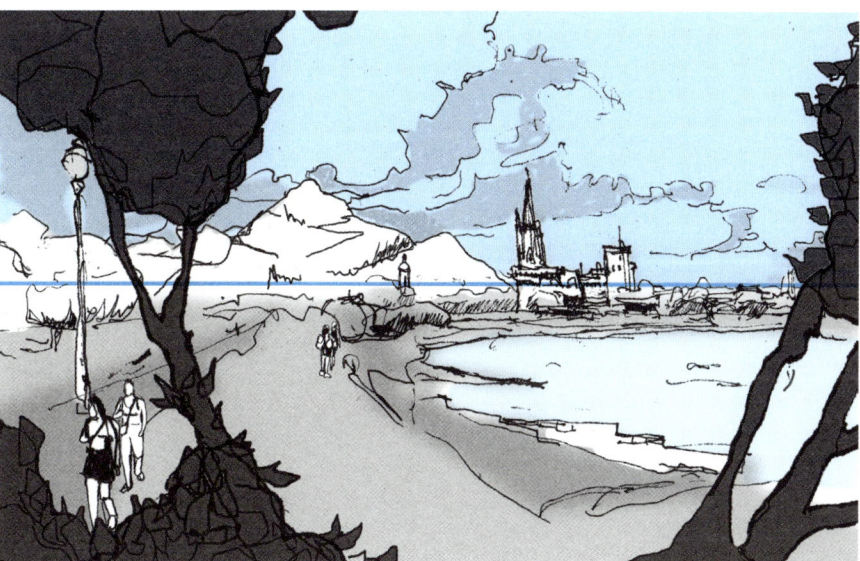

Los puntos de fuga

Las direcciones y las convergencias

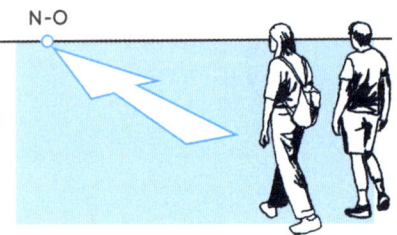

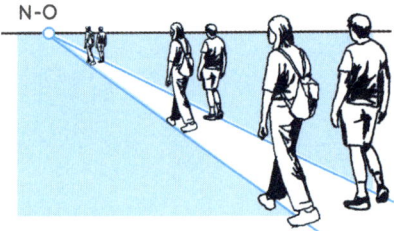

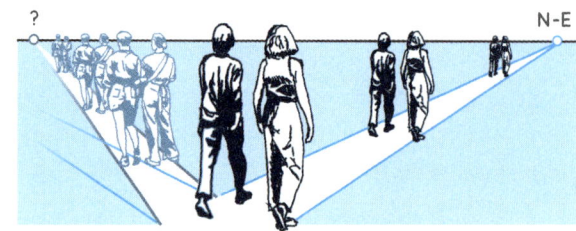

Estos dos personajes se dirigen hacia el Norte-Oeste.

Irán en la misma dirección y desaparecerán en el infinito en un mismo punto.

Fijaos en que podrían haberse dirigido hacia el Norte-Este, o en cualquier otra dirección.

Todas las direcciones se pueden materializar mediante un punto hacia mi izquierda, hacia mi derecha, de frente… Los denominaremos **«puntos de fuga»**, e indican el lugar por el que se pierden las cosas.

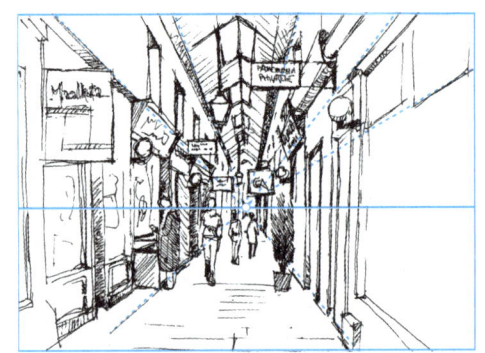

París, pasaje de los panoramas

Aquí el dibujante mira en dirección a la arquitectura, de modo que el punto de fuga se encontrará en el centro de su mirada.

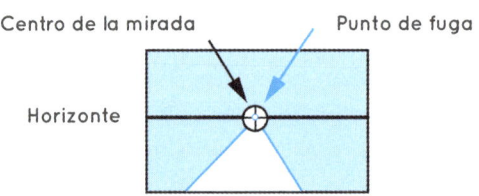

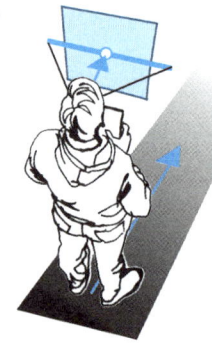

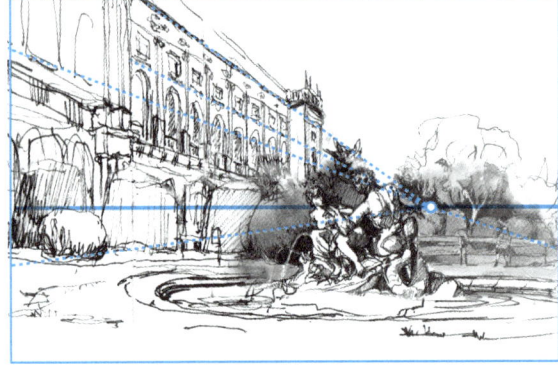

Viena, Museo de Historia Natural

Aquí, la dirección de la arquitectura (su punto de fuga) queda ligeramente a la derecha del centro de su mirada.

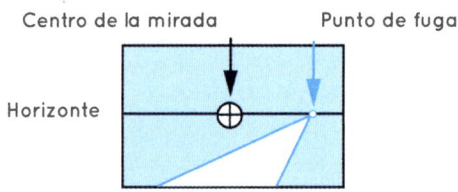

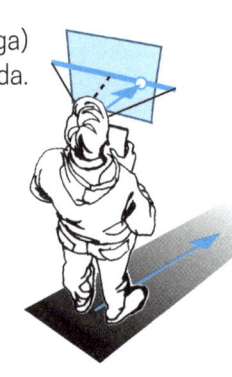

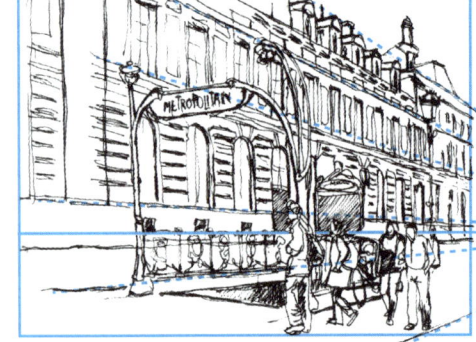

París, estación de metro Louvre

Aquí, en cambio, la dirección de la arquitectura (su punto de fuga) queda considerablemente al margen del área del dibujo.

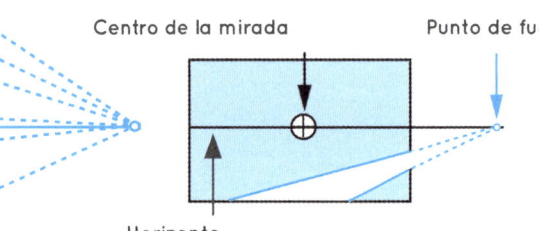

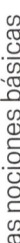

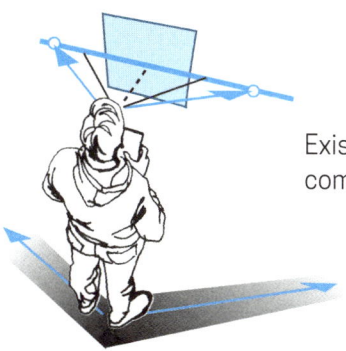

Existen tantas direcciones como puntos de fuga.

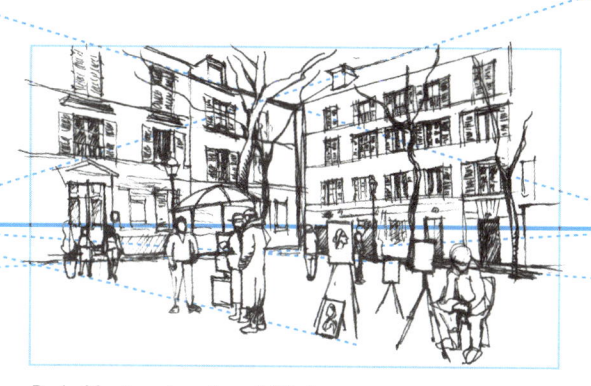

París, Montmartre, plaza del Tertre

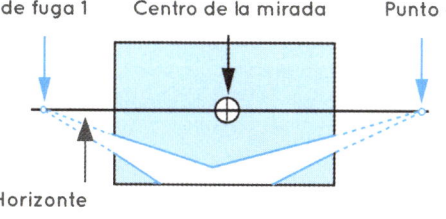

Punto de fuga 1   Centro de la mirada   Punto de fuga 2

Horizonte

El centro del dibujo (el centro de la visión del dibujante) es totalmente independiente de la dirección de las cosas en el espacio.

Todas las direcciones horizontales podrían señalarse sobre la línea del horizonte y ser objeto de un punto de fuga específico.

Debajo, miro hacia el Norte y percibo todas las direcciones del espacio a un lado y otro del centro de mi mirada.

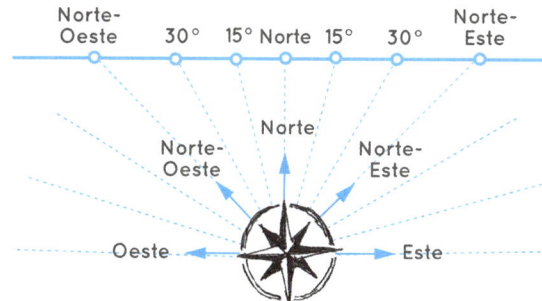

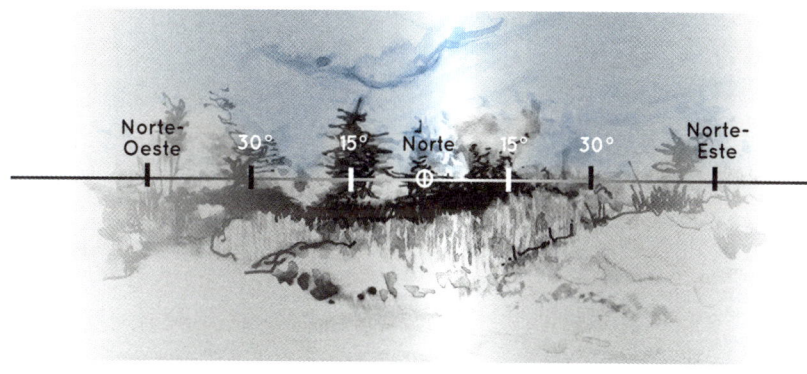

Saint-Brévin, en las dunas

Situar los puntos de fuga

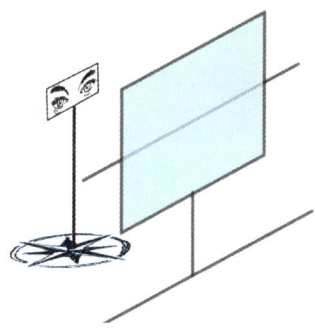

1. Ubicad vuestro horizonte y vuestra área de dibujo.

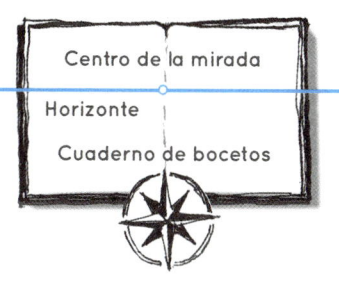

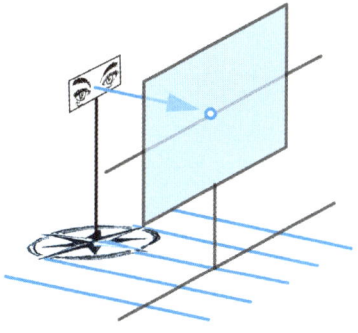

2. Ubicad la dirección principal del espacio.

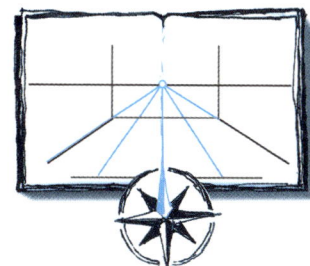

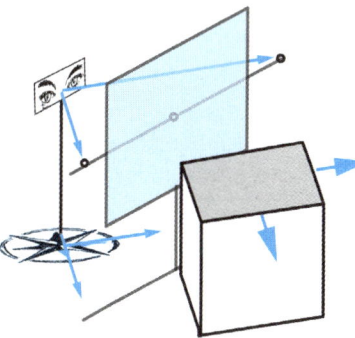

3. Ubicad las direcciones auxiliares.

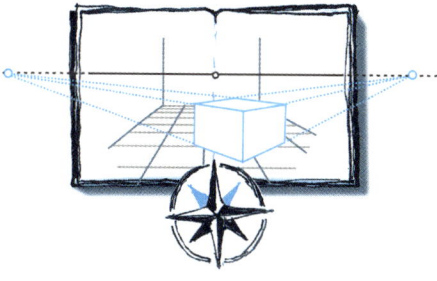

El espacio percibido

El espacio se define mediante tres dimensiones: altura, anchura y profundidad. Sin embargo, el dibujante percibe el espacio según la localización de sus ojos y la dirección de su mirada. De este modo, será mejor definirlo a partir de los tres planos —horizontal, sagital y frontal— en los que podemos percibir los puntos de fuga.

El plano **horizontal** separa la parte de arriba de la de abajo en relación con nuestros ojos. Fijaos en que los dibujos están generalmente más recargados por debajo de nuestros ojos (el suelo, por ejemplo), pero son más aéreos por encima (el cielo).

El plano **sagital** separa la izquierda de la derecha. Nuestro cerebro sintetiza nuestros ojos. En la convergencia de ambos lados se encuentra la dirección de nuestra mirada.

El plano **frontal**, paralelo a nuestra frente, separa la parte de delante de la trasera. Las cosas se encogen a medida que se alejan, pero mantienen sus mismas proporciones.

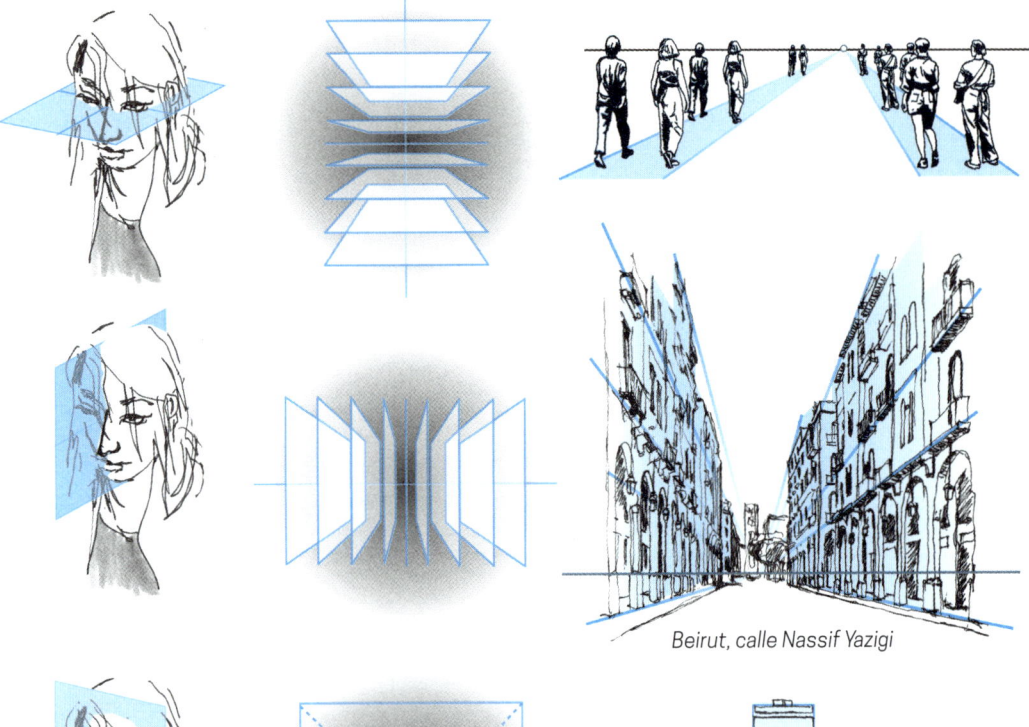

Beirut, calle Nassif Yazigi

De arriba abajo

Las nociones de campo visual, de horizonte y de punto de fuga están completamente ligadas. Nos permiten jugar con el espacio de arriba abajo, de izquierda a derecha, y de cerca a más lejos.

Incluso si percibimos el espacio en la misma cantidad por encima y por debajo de nuestra mirada horizontal, podemos desplazar nuestra composición en función del área que nos interese. No obstante, ¡debemos tener cuidado con las deformaciones!

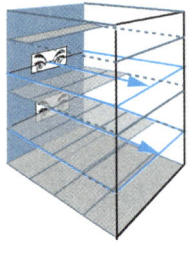

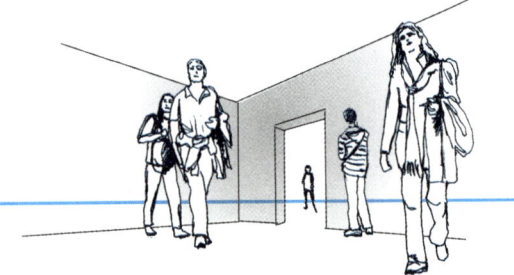

Aquí, el dibujante está sentado en el suelo, a la altura de las rodillas de los personajes.

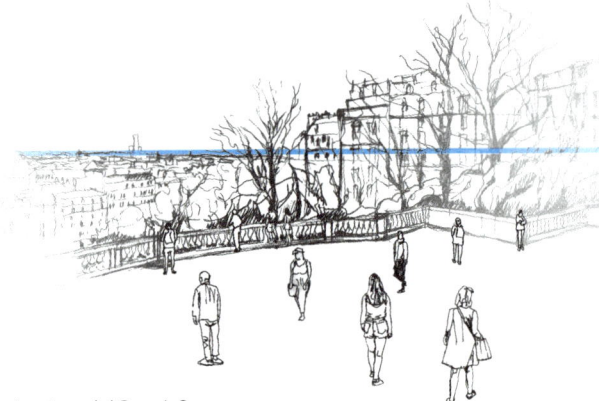

París, vista del Sacré-Coeur

Aquí, su mirada los domina por encima, superando dos veces y media su altura.

De izquierda a derecha

Para ubicar correctamente los puntos de fuga, a sabiendas de que hay tantos como direcciones posibles, hay que establecer estos al comienzo de nuestro dibujo.

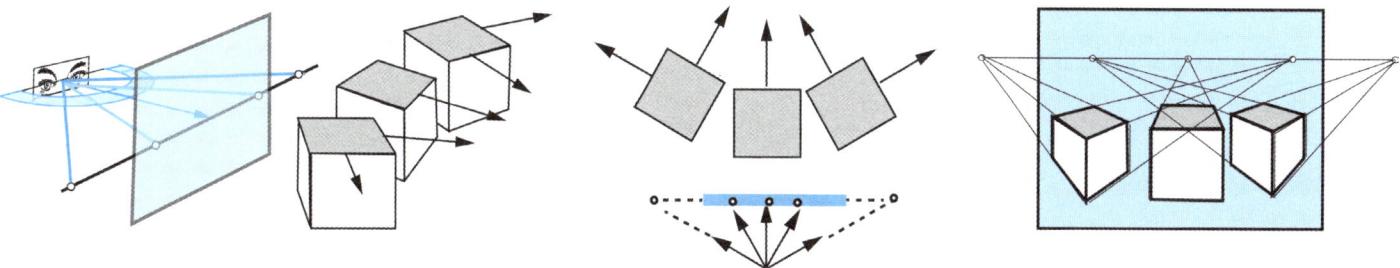

De cerca y de lejos

Debemos alejar los puntos de fuga en función de la distancia de observación.

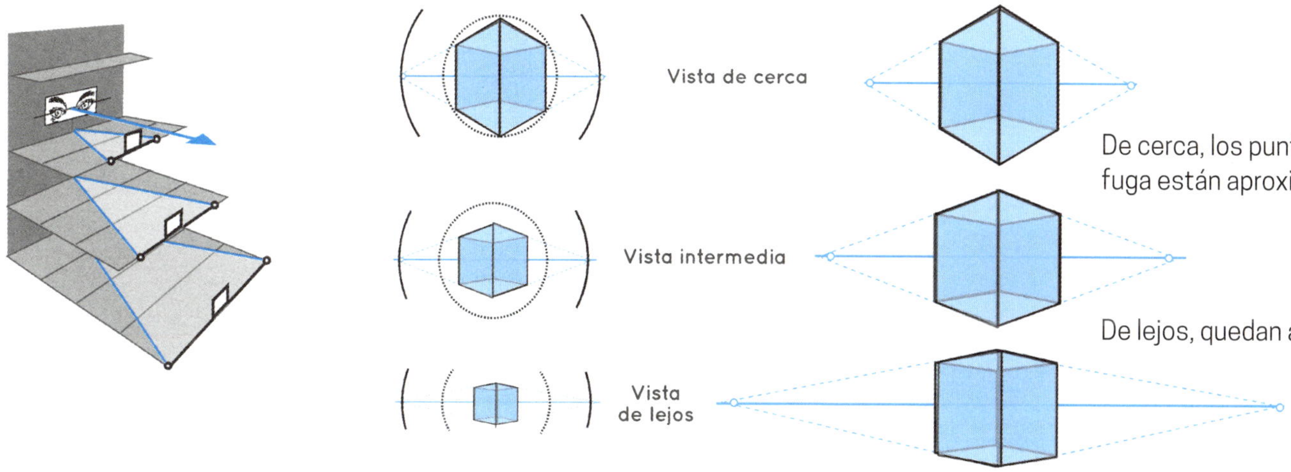

Percepción en el campo visual

Dibujo con las mismas dimensiones

Vista de cerca

De cerca, los puntos de fuga están aproximados.

Vista intermedia

De lejos, quedan alejados.

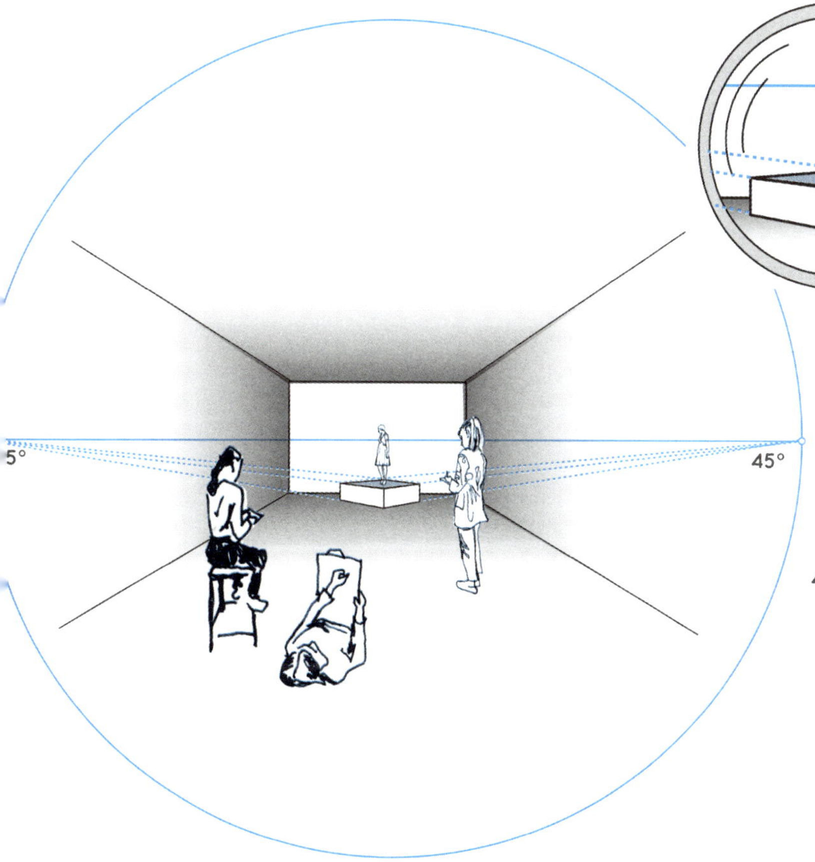

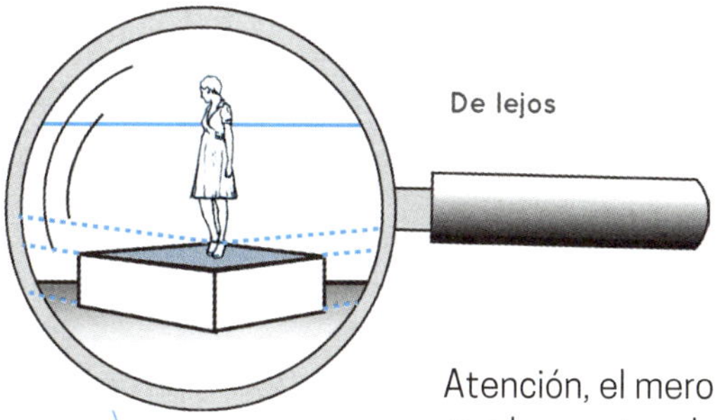

Vista de lejos

De lejos

Atención, el mero aumento no implica que los puntos de fuga se aproximen.

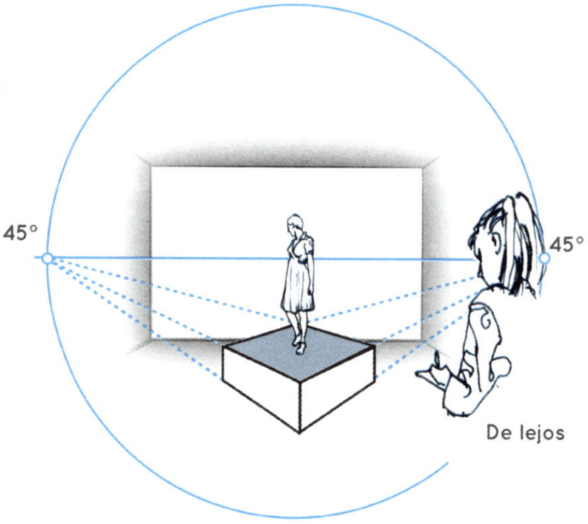

5°

45°

45°

45°

De lejos

Los ángulos rectos

Los ángulos rectos son omnipresentes en el espacio y en nuestra percepción.
Saberlos restituir nos permitirá dibujar un espacio tridimensional coherente.

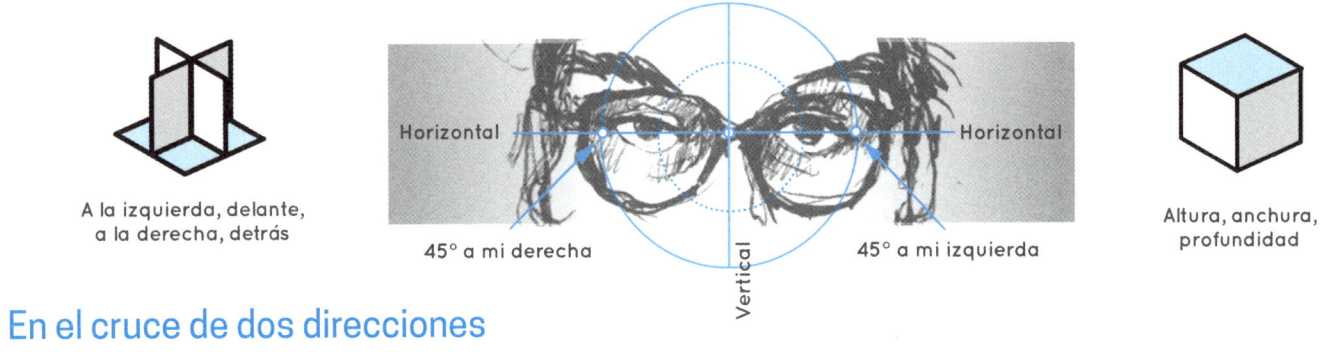

A la izquierda, delante,
a la derecha, detrás

45° a mi derecha   Horizontal   Vertical   Horizontal   45° a mi izquierda

Altura, anchura,
profundidad

En el cruce de dos direcciones

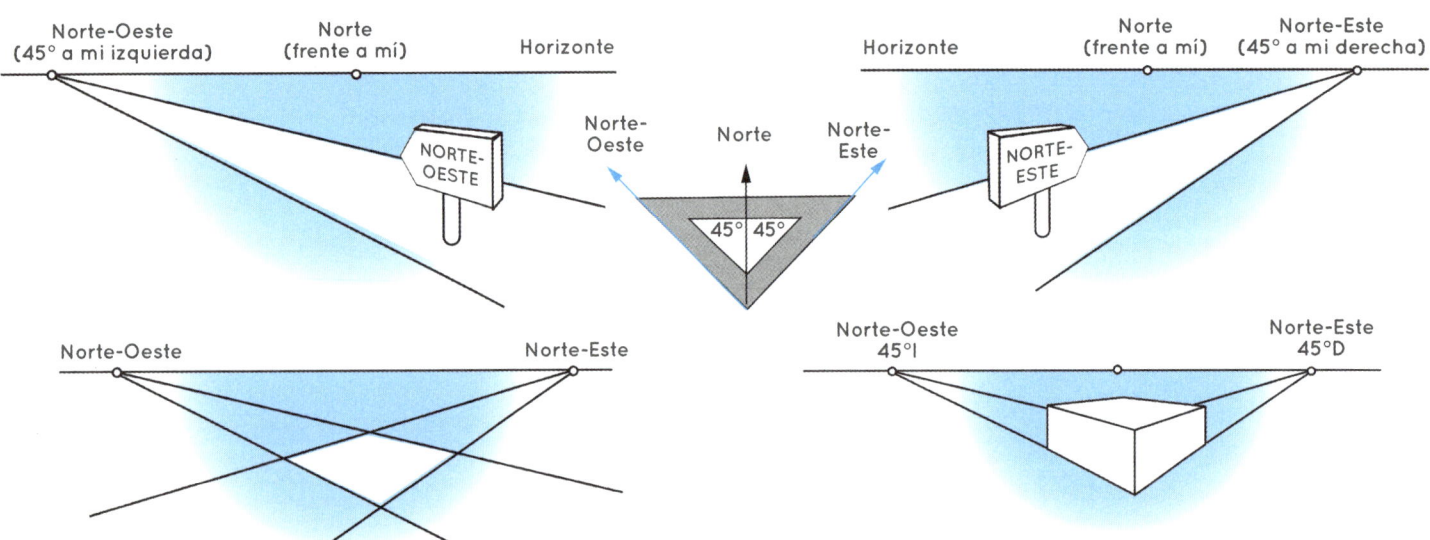

Al cruzarse estos dos caminos, obtendremos un rectángulo. Poned atención en que cuatro ángulos rectos no forman necesariamente un cuadrado…

Estas dos referencias angulares serán el patrón de medida de nuestra visión en perspectiva. A esas direcciones las llamaremos **45I** (45 ° a mi izquierda) y **45D** (45 ° a mi derecha).

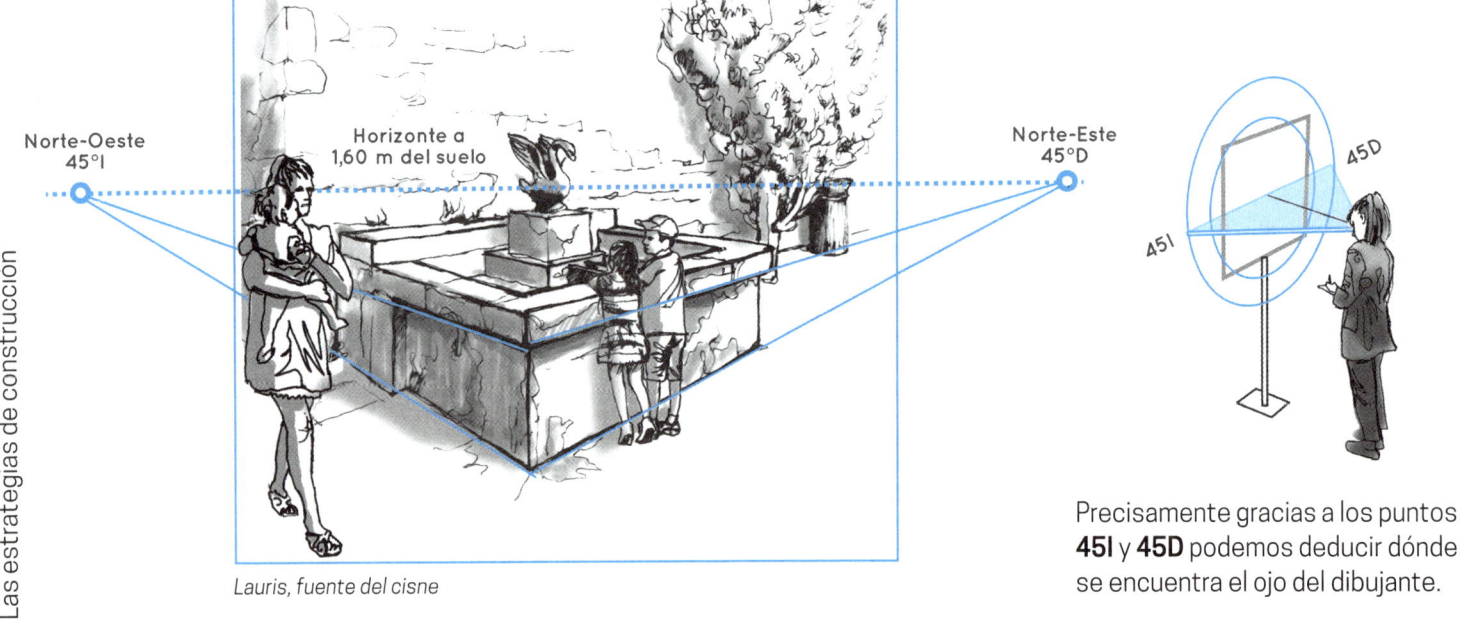

Lauris, fuente del cisne

Precisamente gracias a los puntos **45I** y **45D** podemos deducir dónde se encuentra el ojo del dibujante.

El ojo del dibujante

Hemos visto ya que nuestro ojo puede determinar dónde se encuentran todas las direcciones del espacio. Tal cosa resultará muy práctica a la hora de establecer ángulos concretos (fig. 1). Pero nuestro ojo no está **dentro** del dibujo. Se encuentra **delante** de nuestra hoja, frente al centro (fig. 2). En cualquier caso, podemos utilizar la noción geométrica de «proyección» para simular las direcciones al hacer bascular el ojo del dibujante por el dibujo, lo cual, geométricamente, viene a ser lo mismo (fig. 3). A partir de ese lugar al que llamaremos **O (el ojo de la perspectiva)**, podremos situar los puntos de fuga donde nos parezca mejor (90° de diferencia entre dos puntos = un ángulo recto; fig. 4).

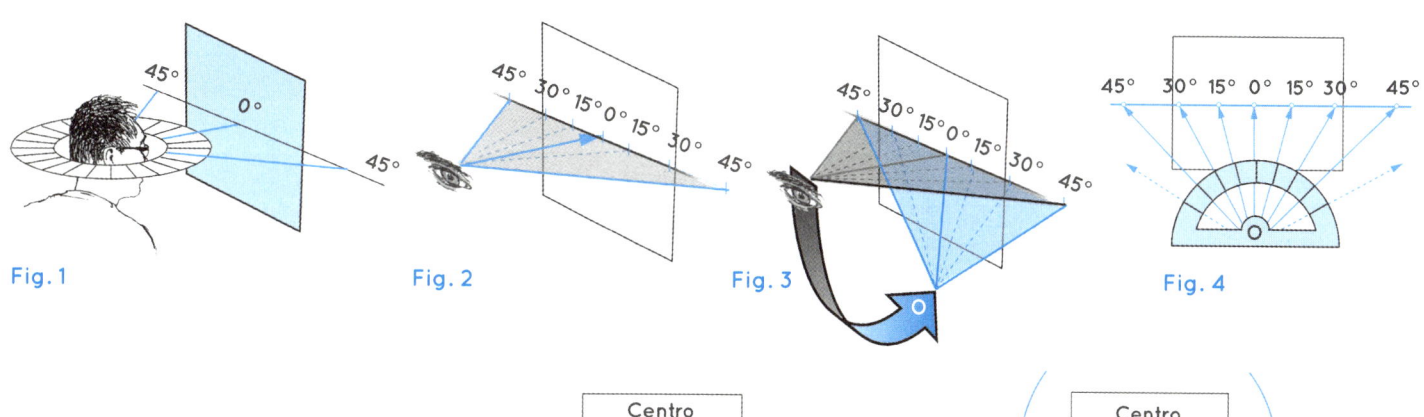

Fig. 1   Fig. 2   Fig. 3   Fig. 4

He aquí dos métodos para situar **O**, ese lugar estratégico que ha de resultar particularmente importante para nuestra futuras construcciones, sobre la base de un campo visual definido de antemano (las direcciones apuntan a los 45° a cada lado).

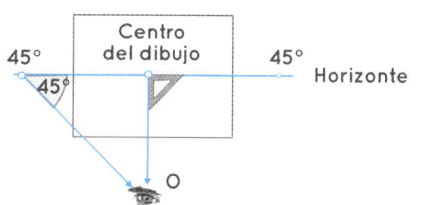

Solución 1: bajar 45° desde un punto de 45 hasta el eje medio.

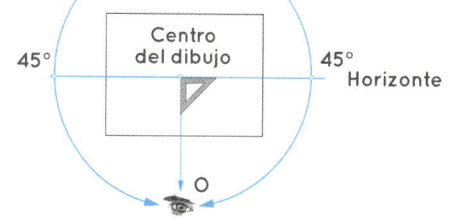

Solución 2: trazar un círculo desde el centro pasando por los puntos de 45°.

Construir ángulos rectos

Este banco se dirige exactamente en direcciones a 45°.

Podemos lograr parejas de ángulos rectos haciendo bascular sencillamente un cartabón hacia **O**. Fijaos que, inversamente, podemos ubicar **O** en el eje central del dibujo a partir de dos direcciones cualquiera formando un ángulo recto.

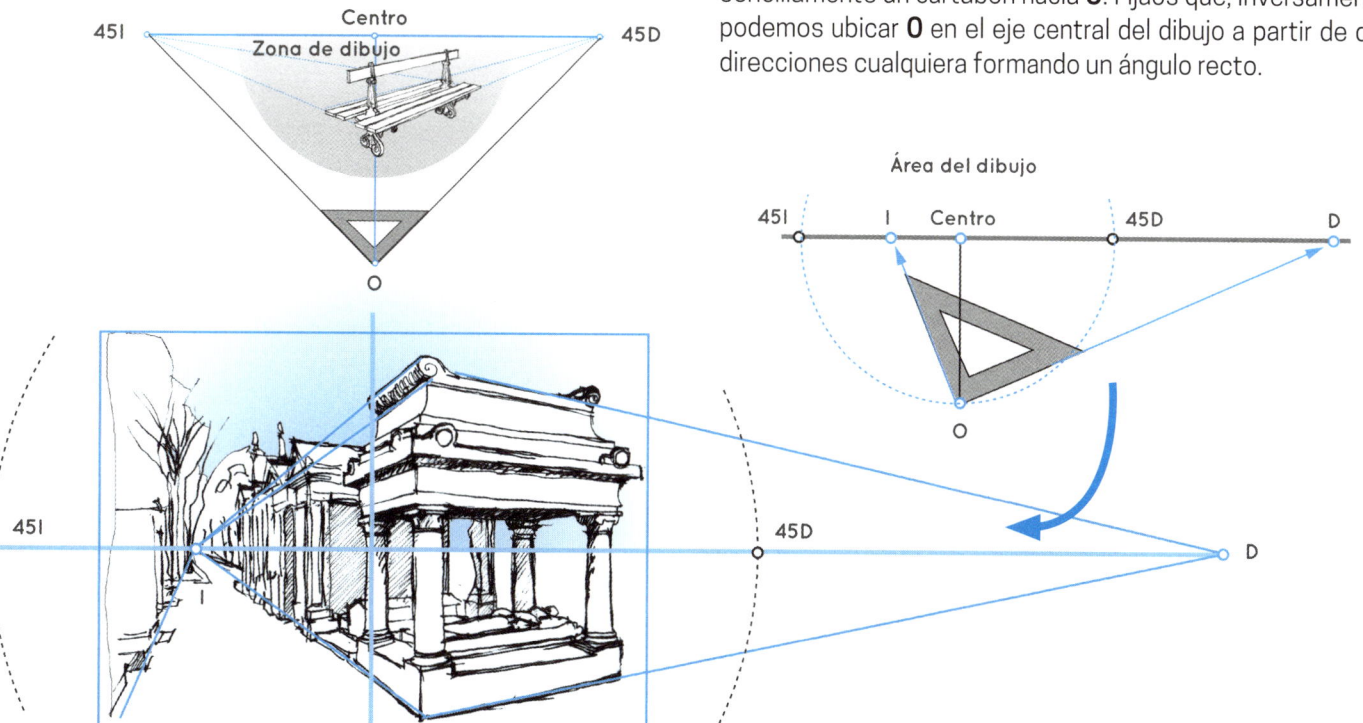

París, cementerio de Montmartre, tumba de Alexandre Dumas

Los ángulos rectos

13

Las pendientes

Cuando una superficie está en pendiente, solamente cambia de dirección de arriba abajo. Por lo tanto, esta superficie posee un punto de fuga situado por encima de su dirección horizontal si es ascendente, y por debajo si su dirección es descendente.

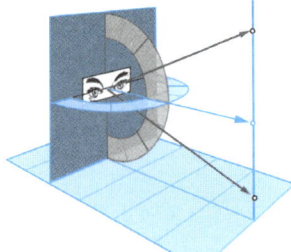

Un tejado posee dos pendientes: una que sube y otra que desciende.

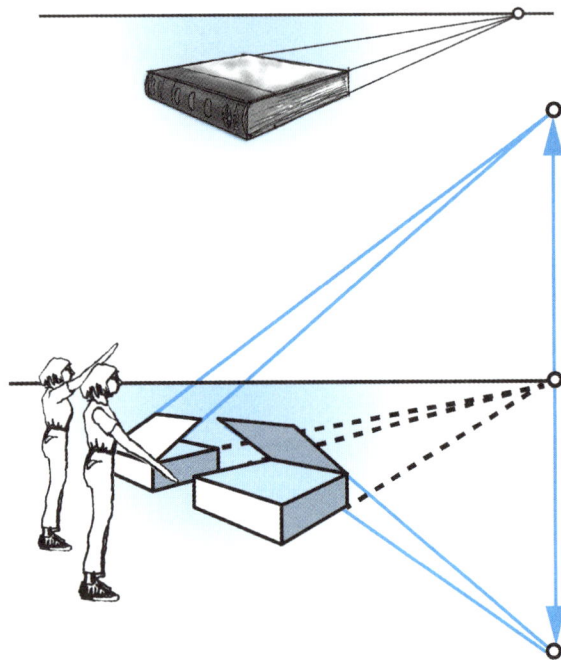

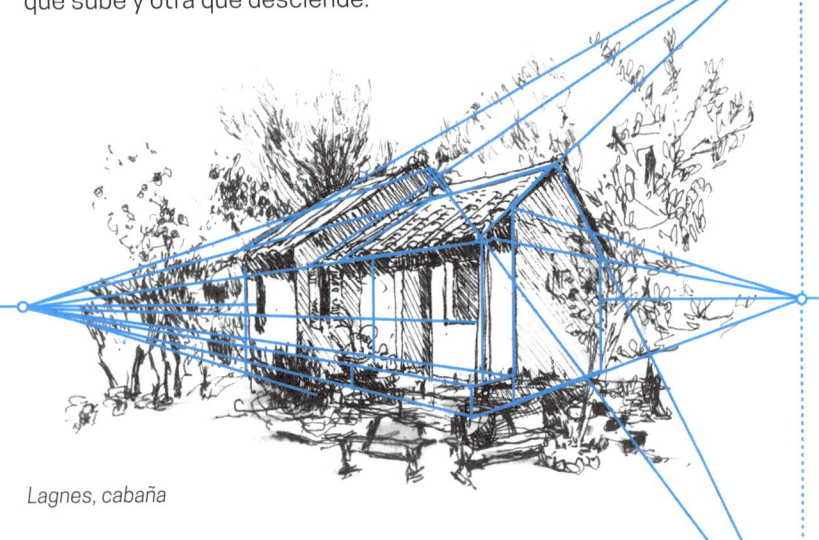

Lagnes, cabaña

¿Una pendiente que sube o que baja? Es una cuestión de punto de vista. Si colocáis vuestro brazo en paralelo a la pendiente, ¡veréis si esta sube o baja!

La pendiente descendente

El punto de fuga de una calle que baja se encontrará por debajo de la línea del horizonte, mientras que los elementos arquitectónicos (¡horizontales!) seguirán dirigiéndose hacia el horizonte.

La pendiente ascendente

Si la calle sube, su punto de fuga se encontrará por encima del horizonte. Los elementos arquitectónicos, como de costumbre, mantendrán su posición en la horizontal.

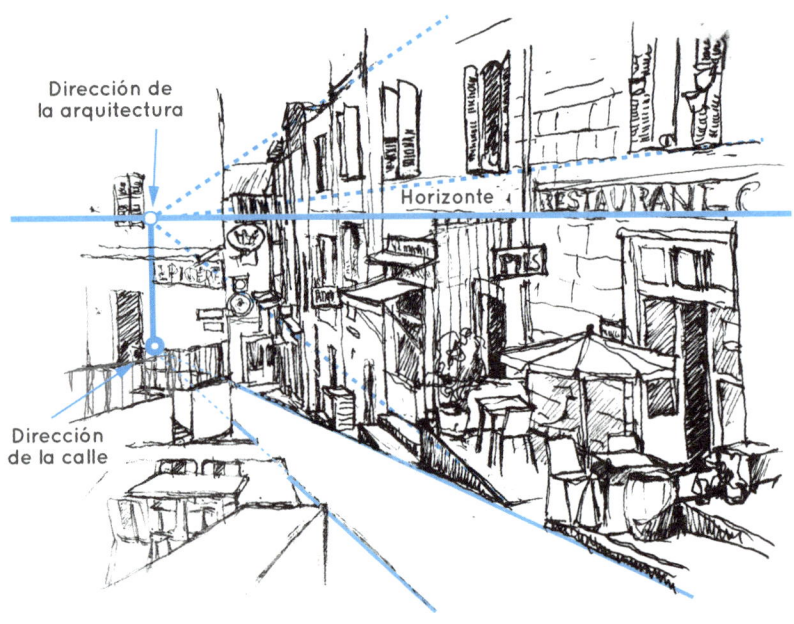

Dirección de la arquitectura

Horizonte

Dirección de la calle

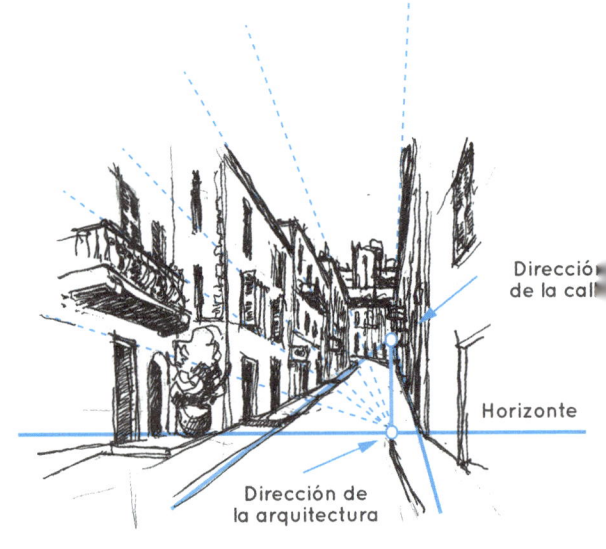

Dirección de la calle

Horizonte

Dirección de la arquitectura

Calcular el grado de la pendiente

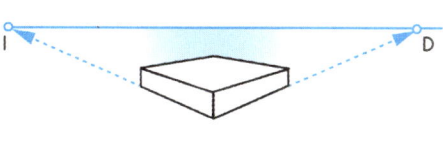

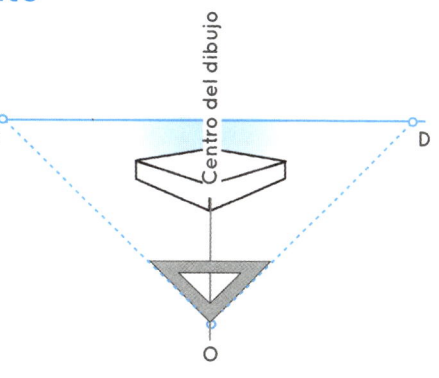

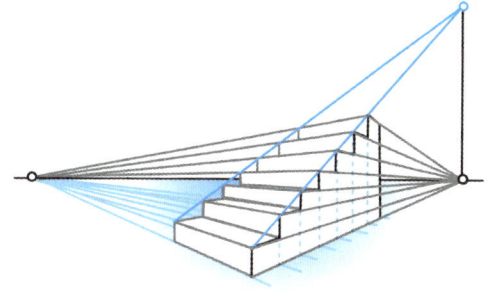

1. Estableced dos direcciones horizontales mediante un ángulo recto.

2. Ubicad el punto **O** en el eje central del dibujo (véase «El ojo del dibujante», pág. 13).

Una escalera está compuesta de una sucesión de superficies horizontales y verticales a través de una pendiente de entre 25° y 45° de inclinación.

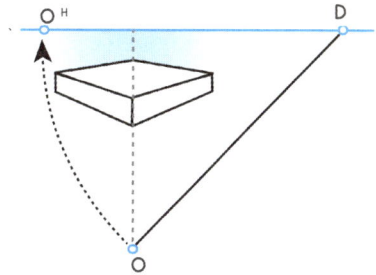

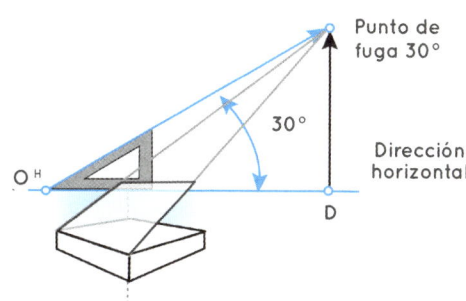

3. Emplazad la distancia **O-D** (distancia Ojo-Dirección de la pendiente) con la ayuda de un compás.

4. Situad la pendiente deseada desde **O**ᴴ sobre la vertical de **D** (Dirección de la pendiente).

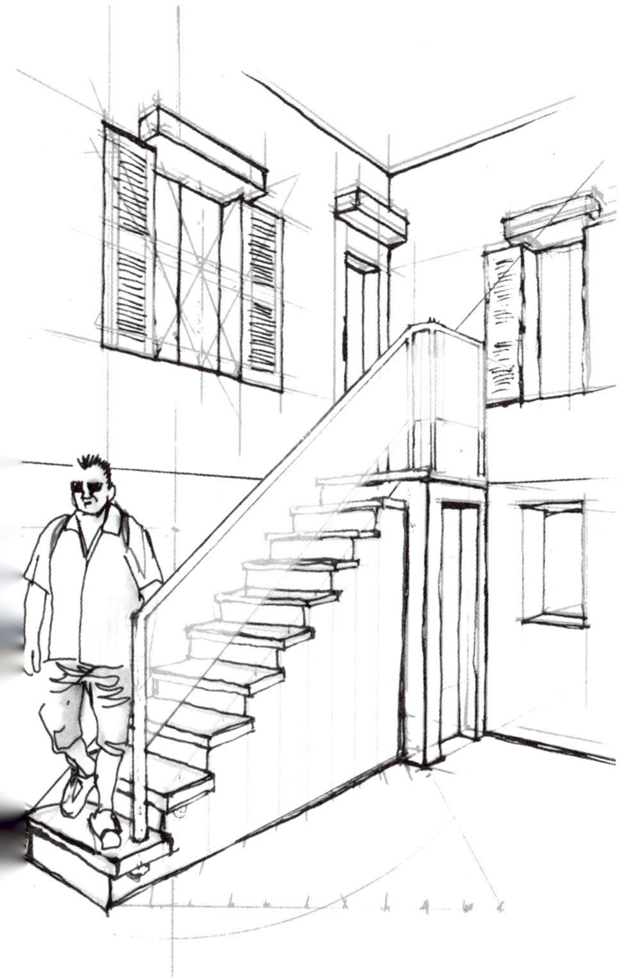

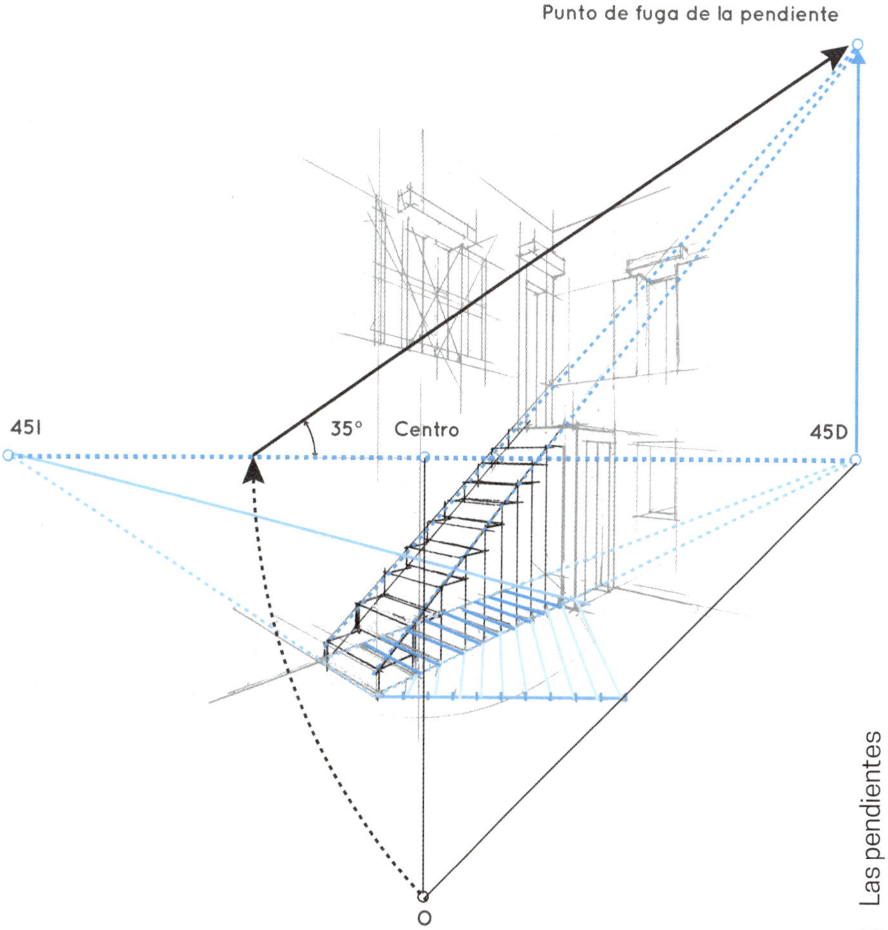

Las intersecciones

Desplazar una distancia, multiplicar un elemento del decorado o de la fachada, buscar un centro, construir un conjunto geométrico… Son tantas las situaciones que podemos resolver mediante el principio de la intersección.

Mediante este ejemplo vamos a duplicar una superficie en una dirección dada. Podemos llevarlo a cabo de tres formas distintas.

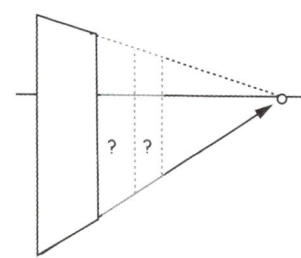

Desplazamiento geométrico

1. Dividid la superficie en dos partes iguales.

2. Id de un rincón a la siguiente zona media para trasladar la distancia.

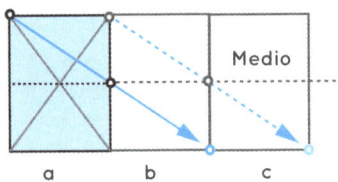

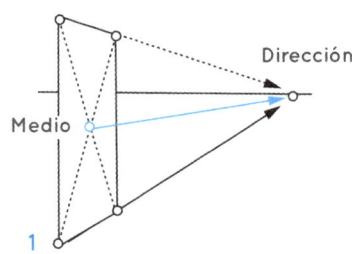

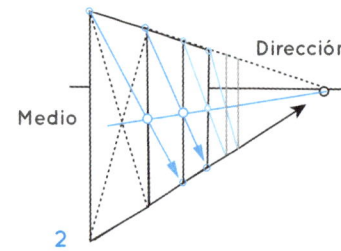

Desplazamiento frontal

1. Fijad la primera distancia en un trayecto frontal de dimensión prestablecida (**0-1**).

2. Multiplicad ese mismo trayecto para dar con los puntos de intersección.

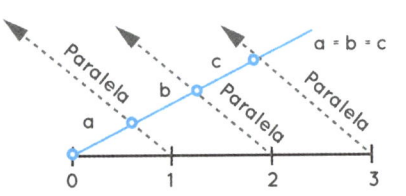

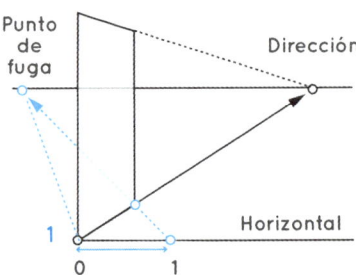

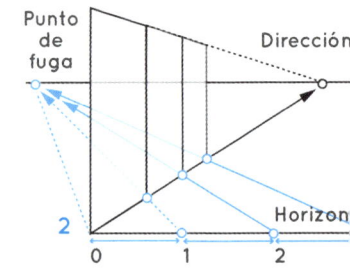

Desplazamiento en pendiente

1. Prolongad la diagonal de la primera medida para averiguar su pendiente (véase «Las pendientes», pág. 14).

2. Seguid la misma pendiente en las medidas siguientes.

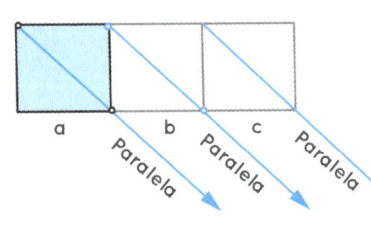

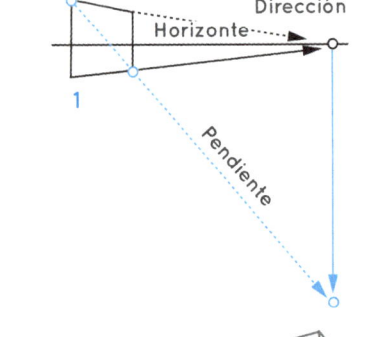

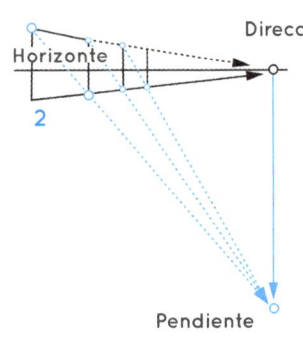

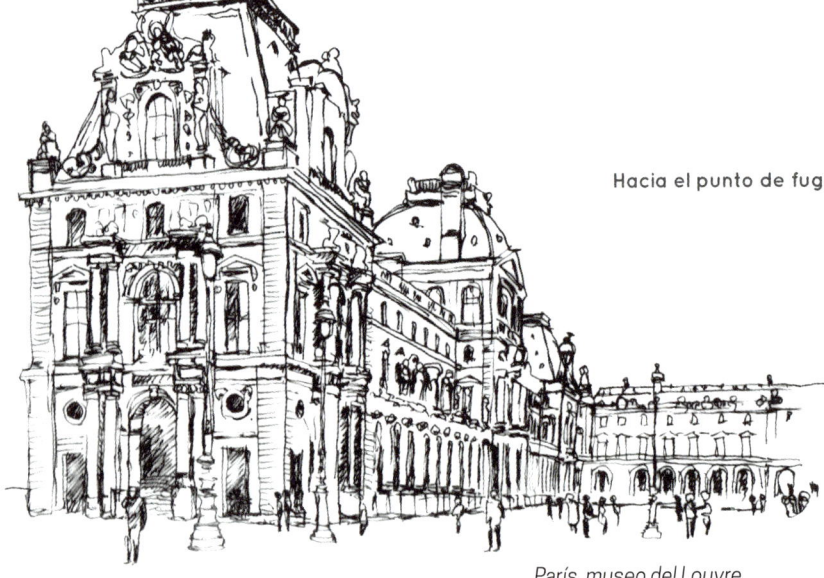

París, museo del Louvre

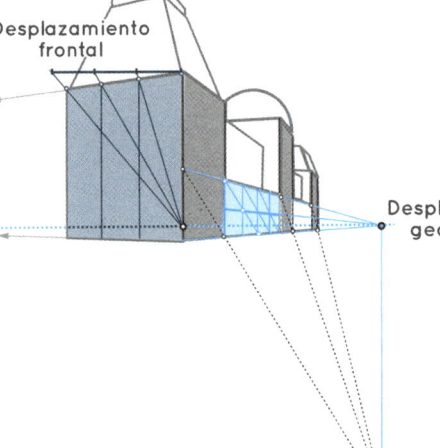

Desplazamiento de la pendiente

Las estrategias de construcción

La diagonal

La diagonal es un elemento de intersección imprescindible en las construcciones geométricas. Abajo podéis ver el procedimiento para dibujar de forma infalible un cuadrado sobre el plano horizontal, elevarlo luego en el plano vertical y obtener un cubo.

Trazado de las intersecciones frontal y diagonal:

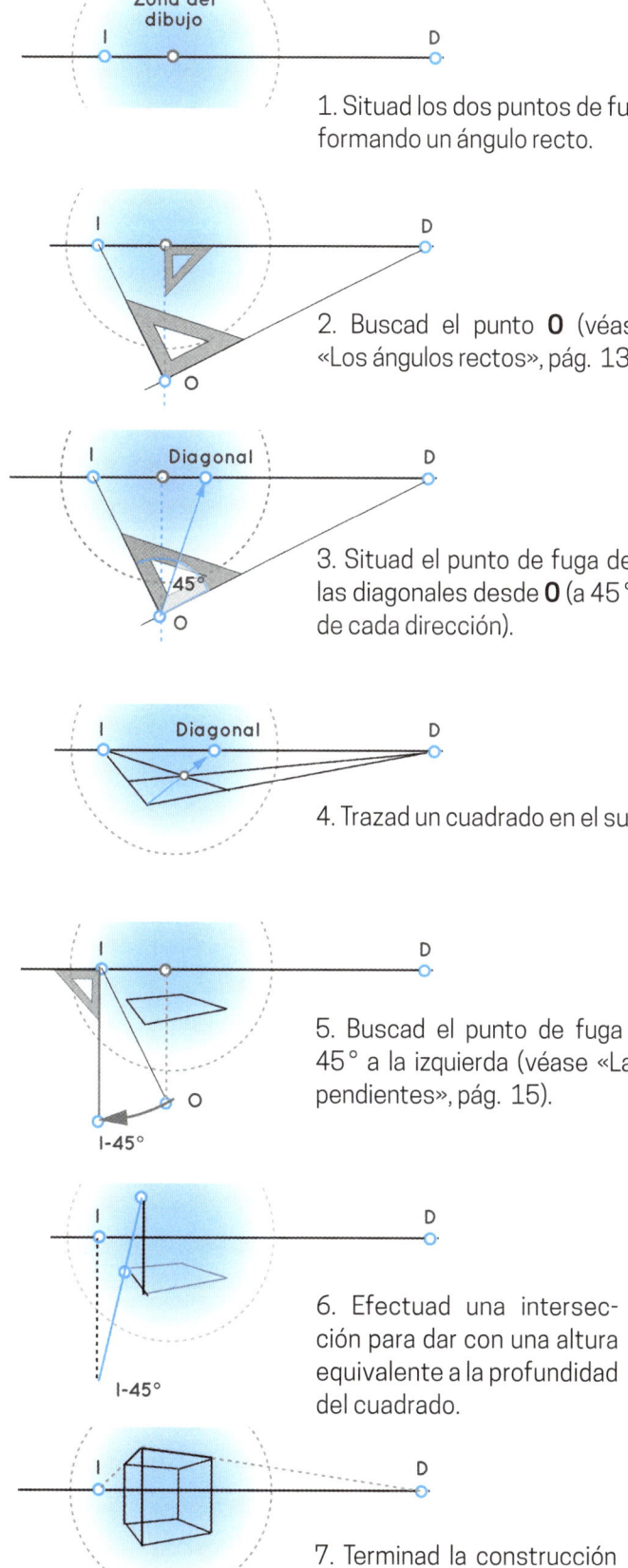

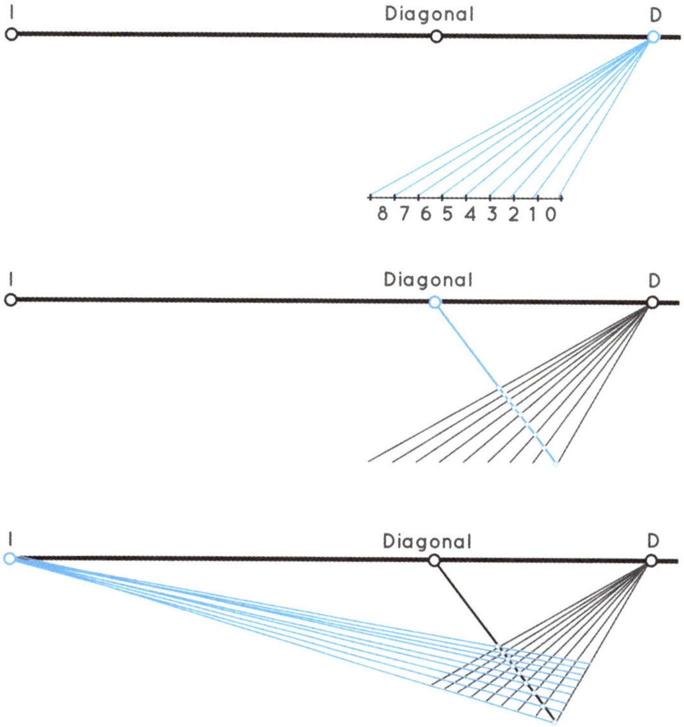

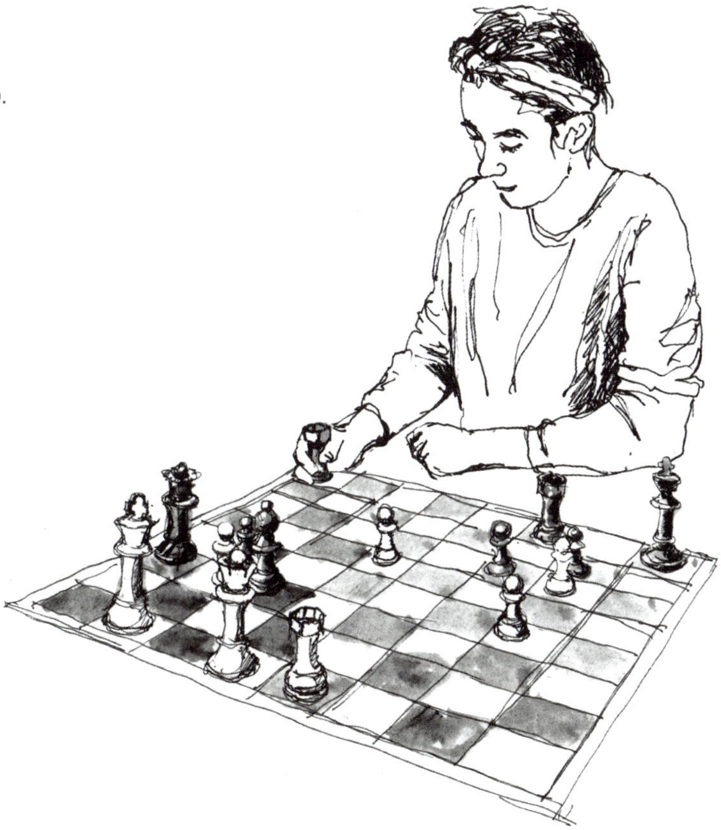

1. Situad los dos puntos de fuga formando un ángulo recto.

2. Buscad el punto **0** (véase «Los ángulos rectos», pág. 13).

3. Situad el punto de fuga de las diagonales desde **0** (a 45° de cada dirección).

4. Trazad un cuadrado en el suelo.

5. Buscad el punto de fuga a 45° a la izquierda (véase «Las pendientes», pág. 15).

6. Efectuad una intersección para dar con una altura equivalente a la profundidad del cuadrado.

7. Terminad la construcción de vuestro cubo.

Las blancas darán jaque mate en cuatro turnos.

Las medidas

La altura

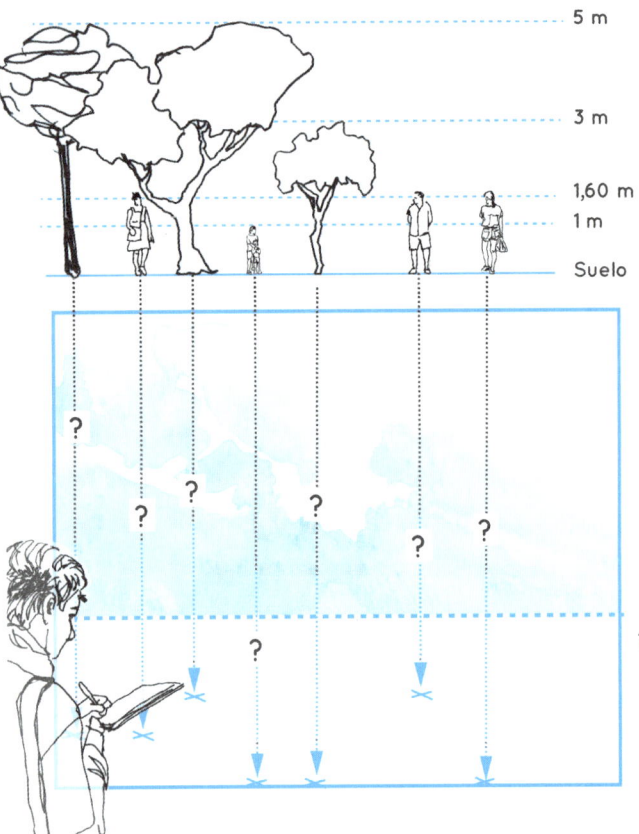

Indicar las alturas en el margen del dibujo permite situarlas de manera exacta en función de la profundidad.

La búsqueda de la altura se da entre el suelo y un muro ficticio situado en el borde del dibujo. Llamaremos a esta operación «escala de altura».

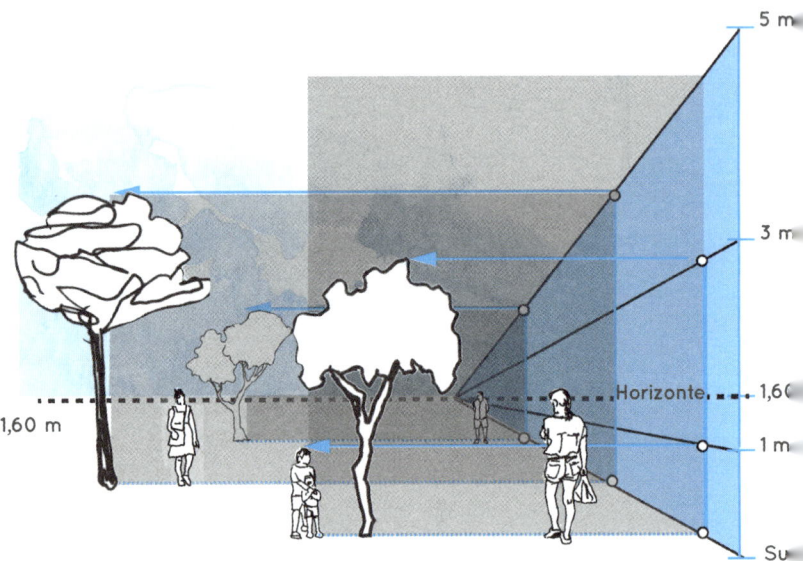

La anchura

Habida cuenta que conocemos todas las alturas del dibujo gracias a la medida del horizonte, podemos deducir todas las anchuras del plano frontal. Basta con que hagamos girar una altura (compás, cartabón o regla) y deducir de ahí la distancia en relación con el horizonte.

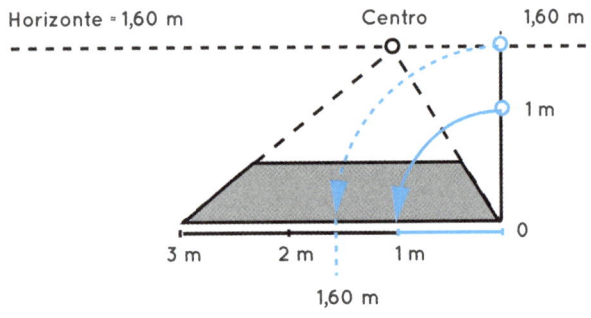

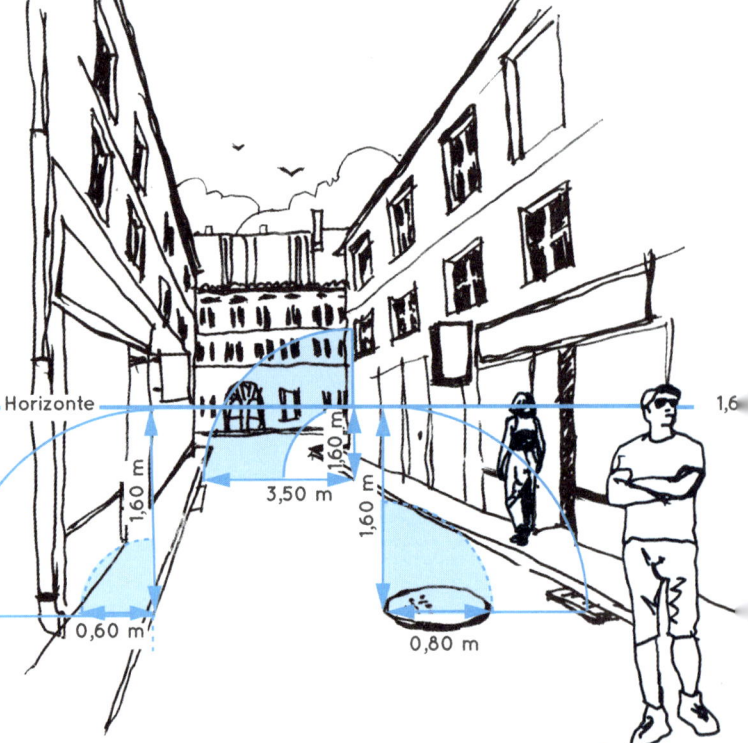

En el dibujo de la derecha, el horizonte está situado a 1,60 metros. De modo que la calle mide 3,50 metros de ancho, la tapa de la alcantarilla 0,80 metros y la acera 0,60 metros.

París, rue de la Corder

La profundidad

Ahora que ya sabemos establecer las medidas en el plano frontal, tanto la altura como la anchura, podremos deducir las distintas profundidades mediante intersecciones de 45°.

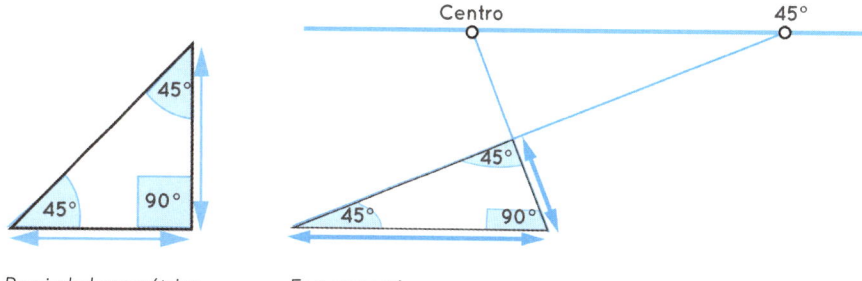

Propiedad geométrica   En perspectiva

En este ejemplo podemos ver dos mesas de 1 metro de alto, 1 metro de ancho y 3 metros de largo, dibujadas en un plano frontal.

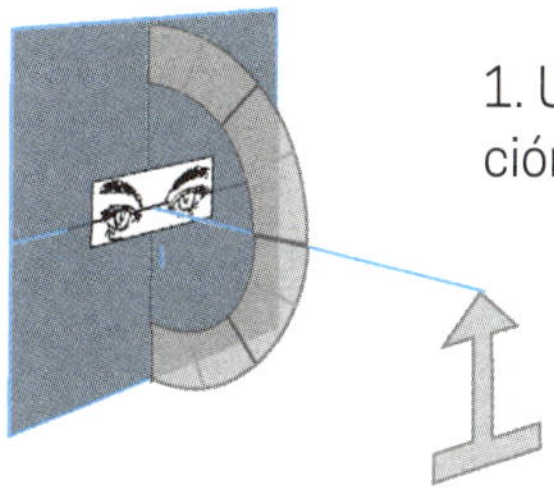

1. Ubicad las anchuras en función de la altura del horizonte.

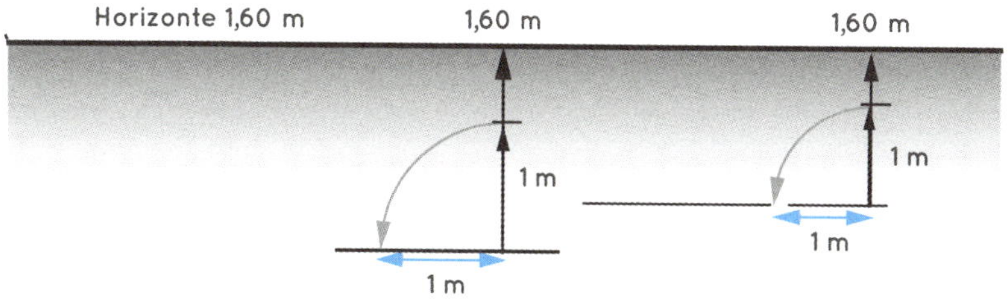

Horizonte 1,60 m   1,60 m   1,60 m
1 m   1 m   1 m   1 m

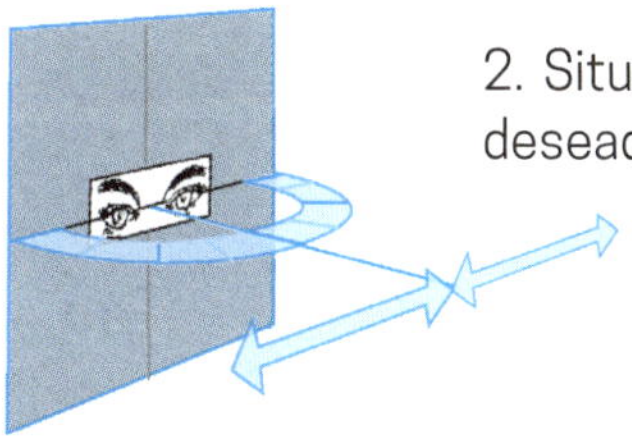

2. Situad las profundidades deseadas en el plano frontal.

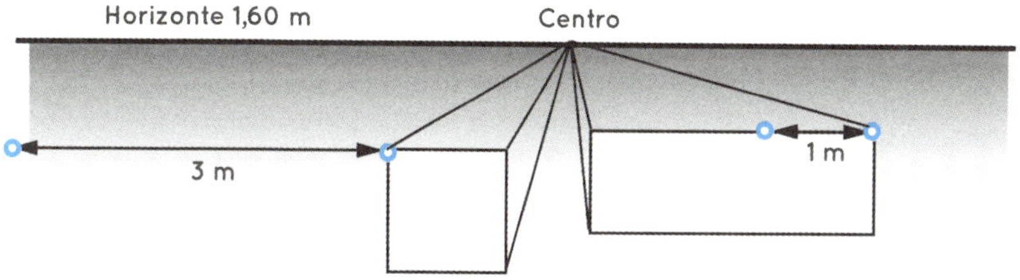

Horizonte 1,60 m   Centro
3 m   1 m

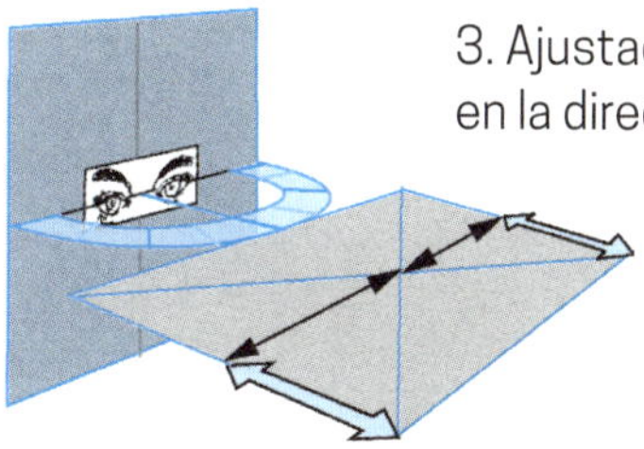

3. Ajustad la inclinación a 45° en la dirección buscada.

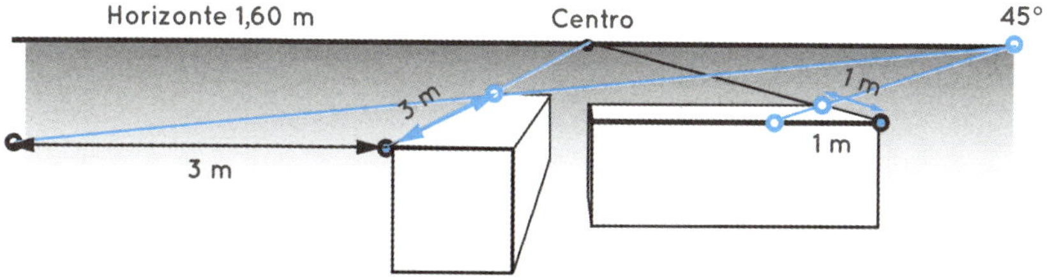

Horizonte 1,60 m   Centro   45°
3 m   1 m   3 m   1 m

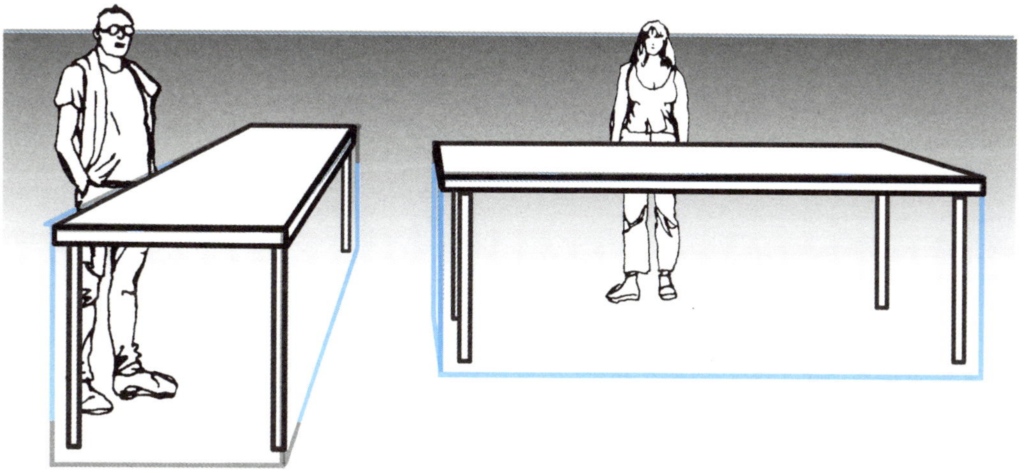

Las distancias

A partir del dibujante

El dibujante ha de ser capaz de expresar la lejanía de los obje-
tos y arquitecturas representadas. ¿Están lejos? ¿Cerca? ¿A
qué distancia están exactamente? Para acceder a una escala
de profundidad vamos a emplear el siguiente principio: a 45°
hacia abajo, la mirada del dibujante se encuentra con el suelo
a una distancia H equivalente a la altura de sus ojos. Por ejemplo, si Mitsuko mide 1,60 metros, sus ojos, entonces, esta-
rán a 1,50 metros del suelo (**H** =1,50 m). Si Siegfried mide
1,90 metros, entonces **H** mide 1,80 metros.

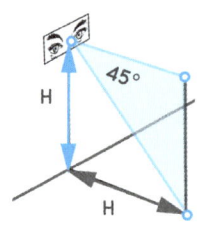

Visto en pers-
pectiva, este
punto está a la
misma distan-
cia del centro
que un punto
a 45°.

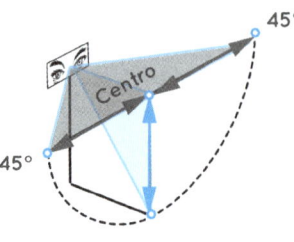

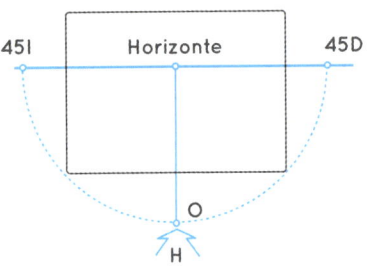

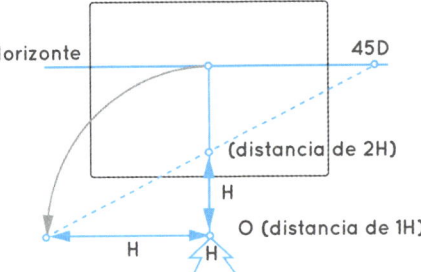

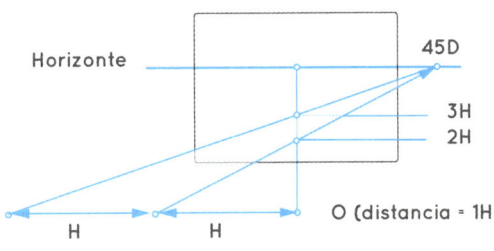

1. El punto **O** (en perspectiva) está a una
distancia, respecto a los pies del dibujante,
equivalente a la altura de sus ojos (**H**).

2. Trasladada al plano frontal e inclinada
45°, la medida de H recortará el eje
mediano con la misma profundidad (**H**)
(véase «En perspectiva», pág. 19).

3. Podemos repetir esta misma operación infinitas veces (véase «Las intersecciones», pág. 16).

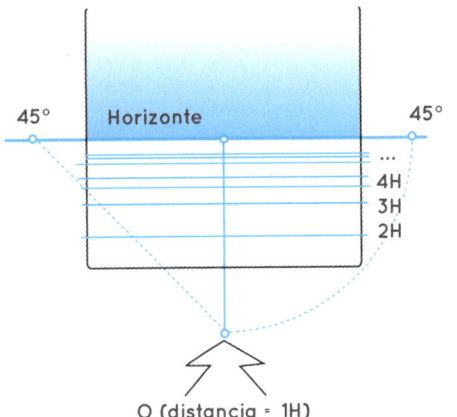

De este modo, obtendremos una escala de profundidades en función de la altura de
nuestro horizonte, la cual nos permitirá establecer un patrón para todas nuestras
perspectivas dependiendo de nuestro tamaño.

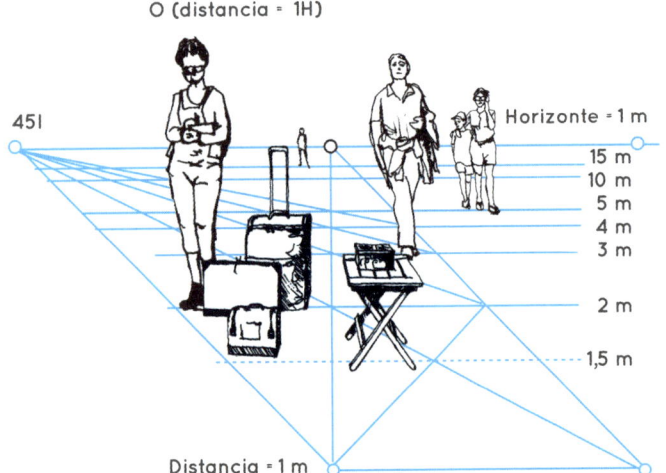

El dibujante está sentado, sus ojos están a 1 metro del suelo.

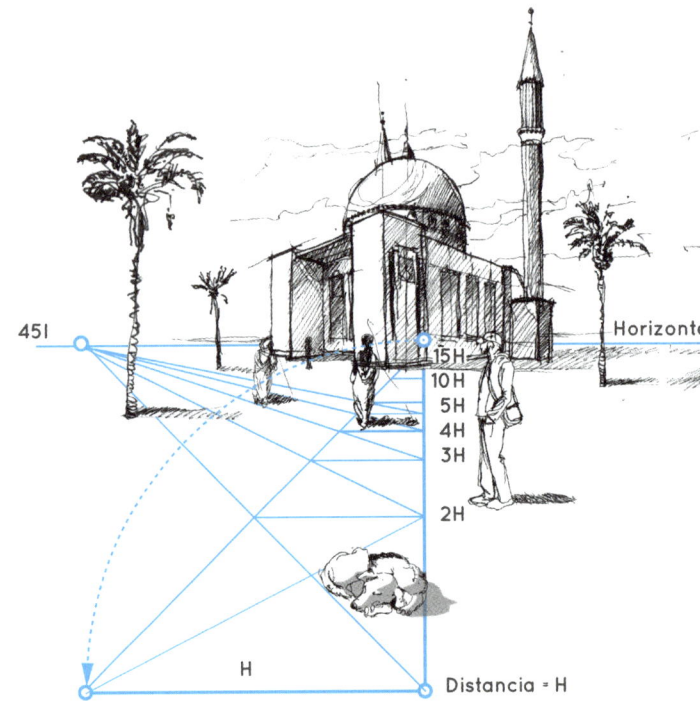

Aquí, está de pie, y sus ojos están a una distancia **H** del suelo

En una dirección concreta

Ahora somos capaces de ubicar una medida en su altura, anchura y profundidad, pero eso no nos va a permitir establecer una distancia en una dirección concreta.

Para ello emplearemos una inclinación de 45° en la dirección buscada.

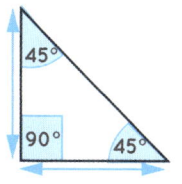
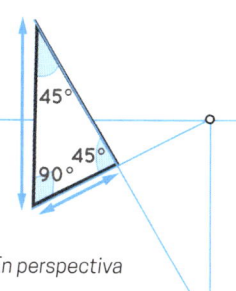

Propiedad geométrica   *En perspectiva*

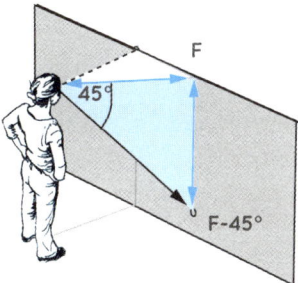

Para encontrar la posición del punto de fuga en la dirección establecida (**F**) basta con trasladar la distancia entre el ojo y el punto de fuga por debajo de **F**.

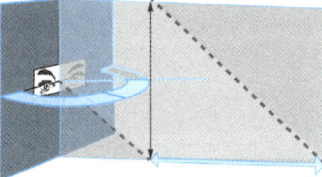

No importa cuál sea la altura que queramos emplazar en la profundidad.

Imaginemos que queremos establecer una determinada medida en la dirección **F** desde el punto **A**.

1. Usaremos el plano frontal para medir en altura la dirección que queremos trasladar en dirección a **F** (en este caso, 2H).

2. Una intersección de 45° hacia abajo dará la misma medida en la dirección **F**.

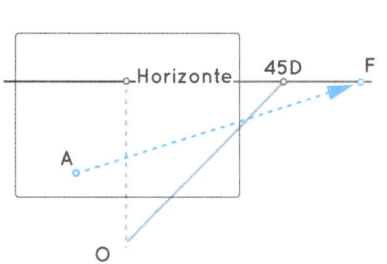

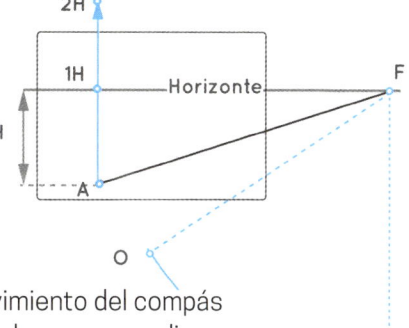

Un simple movimiento del compás nos permitirá dar con una dirección a 45° por debajo de **F**.

Justo debajo, hemos puesto en práctica la medida y la distancia con tal de dibujar una mesa situada a 3 metros de distancia (de 80 cm de alto, 1 metro de ancho y 3 metros de largo).

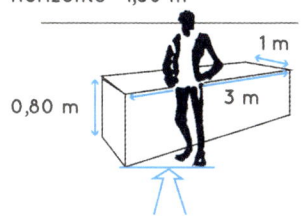

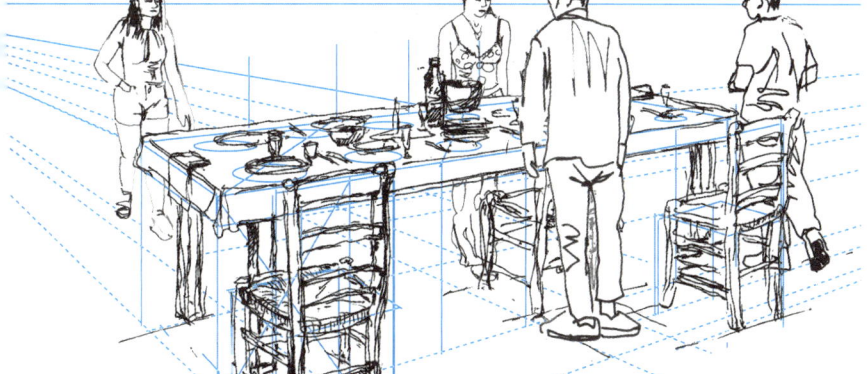

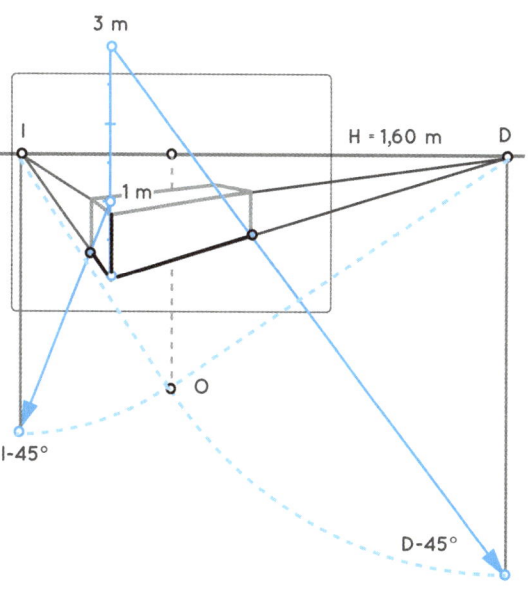

Las distancias

21

Las elipses

La elipse es una curva regular que comprende un eje pequeño y uno grande (fig. 1). Un círculo, visto en perspectiva, es también una elipse, de ahí que sea de nuestro interés saber trazar una elipse sobre el plano antes de abordarla por sí sola en perspectiva (fig. 2).

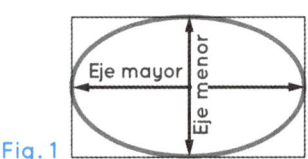

Fig. 1

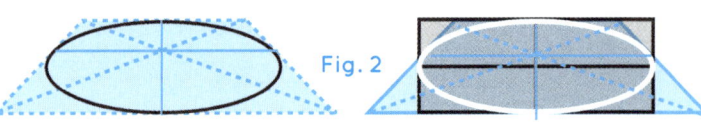

Fig. 2

El trazado sobre plano

Por deslizamiento de los ejes

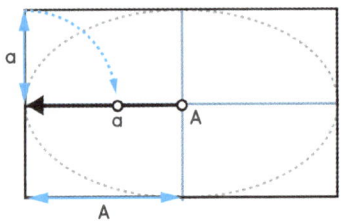

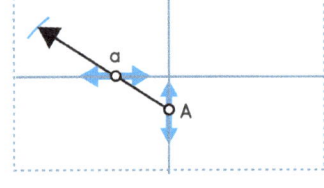

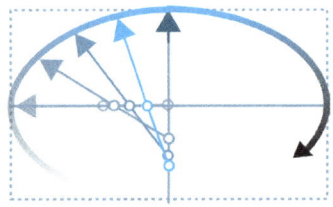

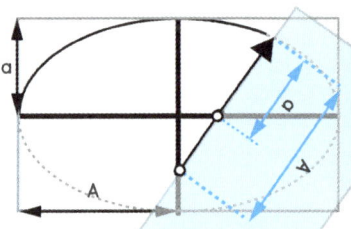

En el rectángulo que vaya a contener la elipse, doblar la mitad del eje menor (**a**) sobre la mitad del eje mayor (**A**).

Deslizad todo el ensamblaje resultante sobre los ejes opuestos tomando como punta el extremo: **A** se desliza sobre el eje menor, mientras que **a** se desliza sobre el mayor.

Para ello, el dibujante puede ayudarse del borde de una hoja, con tal de trasladar la mitad del eje menor y la del eje mayor.

Por desplazamiento geométrico

Dos puntos suplementarios pueden encontrarse si entrecruzamos la mitad/esquina con la mitad de enfrente/primer cuarto (medio-esquina x medio-cuarto).

Esta misma operación puede volverse a realizar por cada 1/4, de arriba abajo y de izquierda a derecha (por lo tanto, hasta 8 veces).

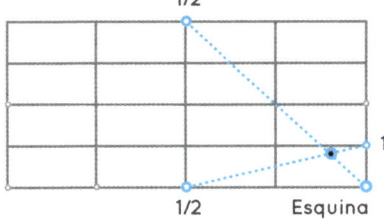

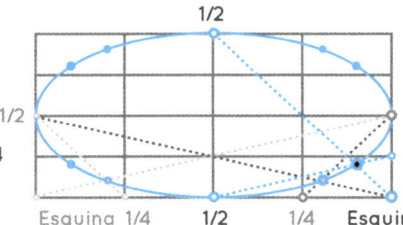

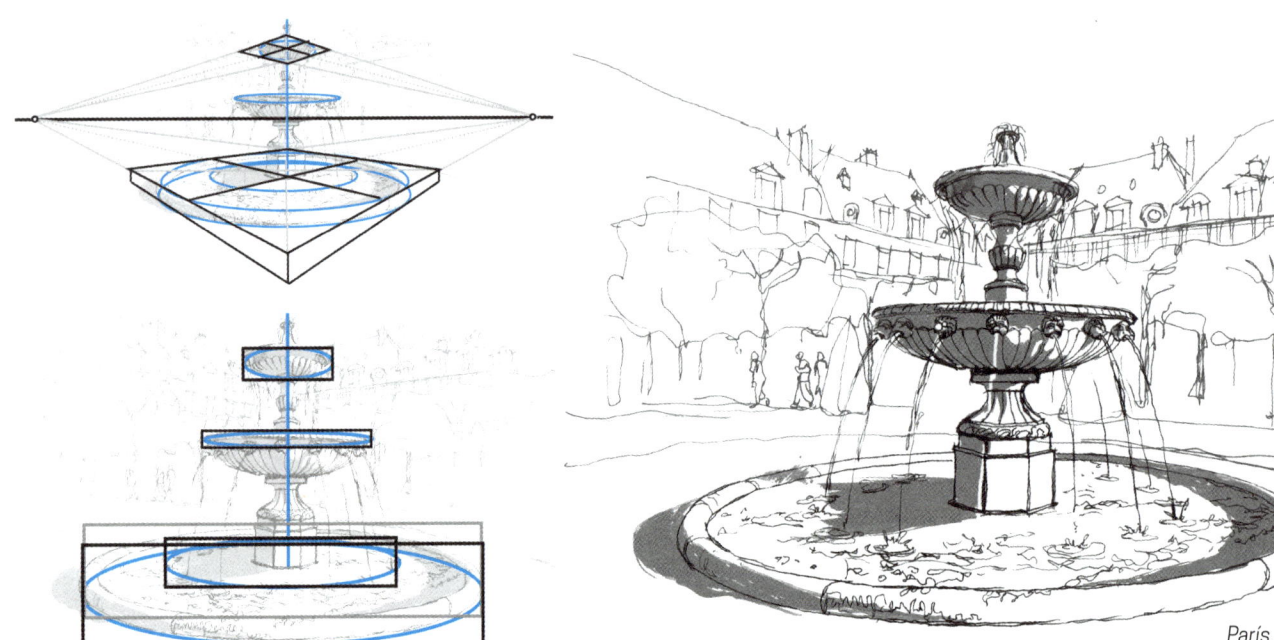

París, place des Vosges

El trazado en perspectiva

Al definir un cuadrado con una futura elipse dentro, conocemos ya cuatro de los puntos de su trazado (las mitades de cada lado). Para encontrar los puntos de intersección restantes se presentan tres posibles métodos.

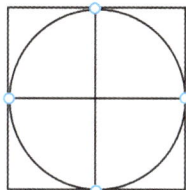

Por desplazamiento geométrico

Si dividimos entre cuatro los lados del cuadrado que ha de contener el círculo, podremos poner en práctica el desplazamiento geométrico descrito anteriormente (medio-esquina x medio-cuarto).

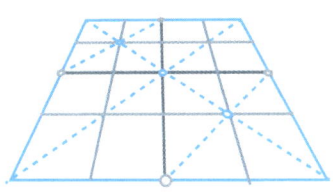

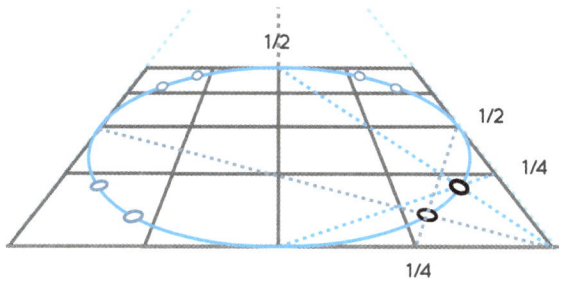

Por repliegue

También podemos valernos de un semicírculo en el plano frontal para deducir los cuatro puntos restantes de intersección sobre las diagonales.

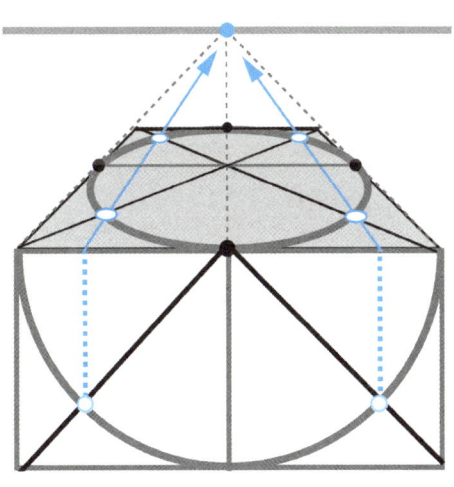

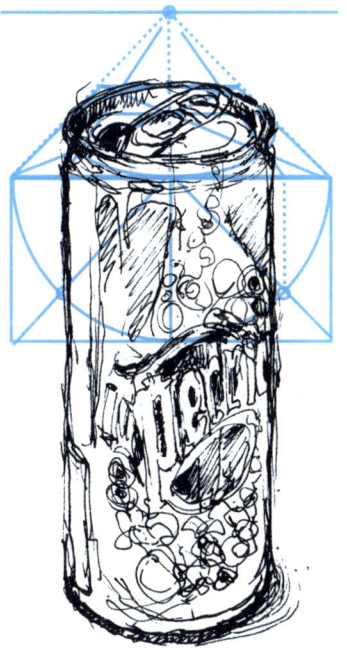

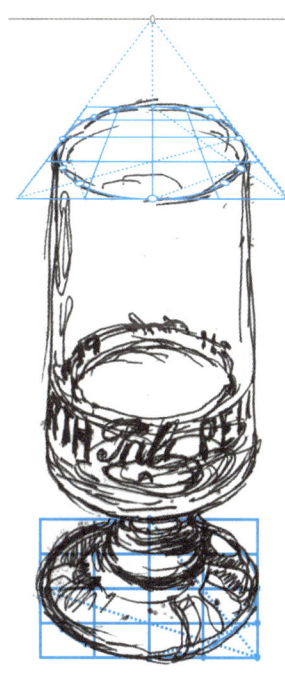

Hay que tener presente que el círculo, en perspectiva, equivale a una elipse inscrita en un rectángulo frontal.

Por deslizamiento de los ejes

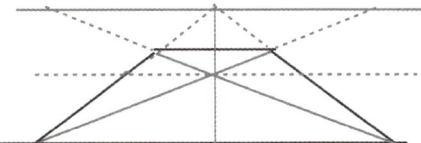

Podemos aplicar el método de trazado mediante el deslizamiento de los ejes directamente sobre una perspectiva.

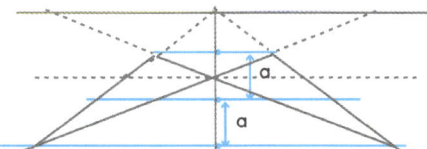

1. Dividid la altura en dos partes iguales con tal de obtener la mitad del eje menor **a**.

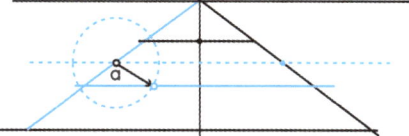

2. Ubicad la mitad del eje menor entre el punto medio de uno de los lados en perspectiva y el eje elíptico mayor.

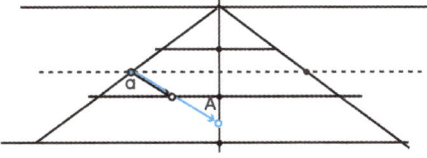

3. Prolongadlo hasta el medio con tal de obtener el tamaño del trazado.

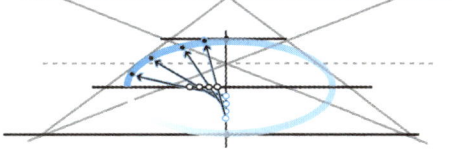

4. Completad el trazado siguiendo este mismo método de deslizamiento.

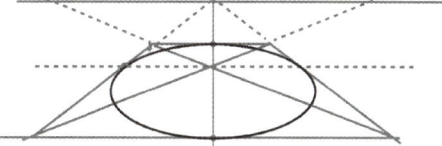

Las sombras

Las sombras propias y las sombras proyectadas

Las sombras propias corresponden a las zonas no iluminadas de los volúmenes en los que estamos trabajando. Las sombras proyectadas son aquellas que se proyectan (se prolongan) sobre superficies ajenas, como puede ser la del suelo.

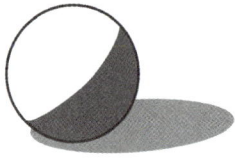

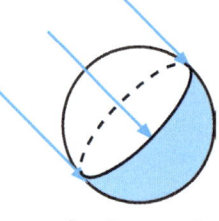

Sombra propia

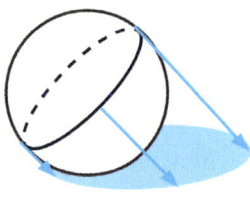

Sombra proyectada

La dirección y la incidencia

Estas dos nociones complementarias nos van a permitir encontrar el área de nuestras sombras.

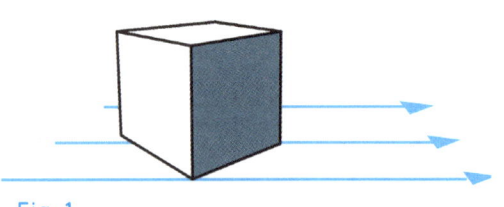

Fig. 1

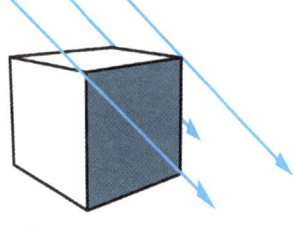

Fig. 2

Fig. 3

La **dirección** corresponde a la orientación de la iluminación sobre el suelo (fig. 1). Resulta determinante para averiguar cuáles son las superficies iluminadas y de ahí poder deducir dónde se encuentran las sombras propias.

La **incidencia** es la inclinación (la pendiente) mediante la cual los rayos de luz cubren el suelo (fig. 2).

En cada arista que tenga un objeto, el límite de su sombra lo encontraremos en el punto en el que se entrecruzan la dirección y la incidencia (fig. 3).

Los distintos tipos de iluminación

Sol frontal: cuando el sol quede completamente a nuestra izquierda o a nuestra derecha, estará ubicado en el plano frontal. En ese caso, las direcciones serán todas horizontales y las inclinaciones serán paralelas entre ellas (sol infinito).

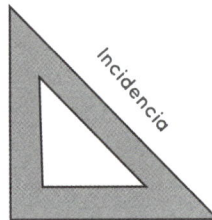

Incidencia

Dirección

La incidencia puede trazarse mediante un cartabón según el ángulo que queramos darle a la iluminación.

Ventajas y desventajas:

- Las sombras son más fáciles de construir y la igualdad entre luces y sombras proporcionará un mayor relieve.
- Atención, la prolongación del dibujo en la parte sombreada puede dar lugar a deformaciones.

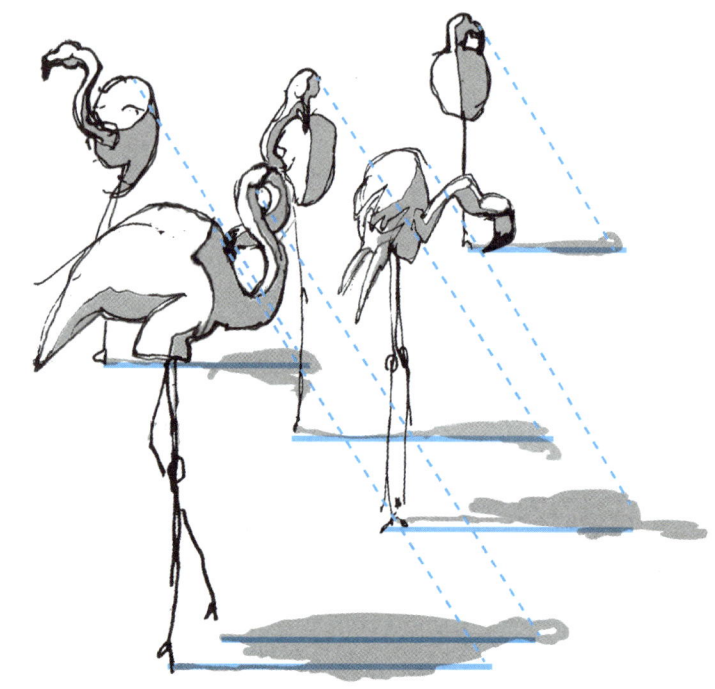

Sol a contraluz: el sol está frente al dibujante y es potencialmente visible en la zona de dibujo. La iluminación será tratada como si fuera una pendiente ascendente (véase «Las pendientes», pág. 14).

Sol de espaldas: el sol se encuentra detrás del dibujante. La iluminación habrá de tratarse como una pendiente en descenso (véase «Las pendientes», pág. 14).

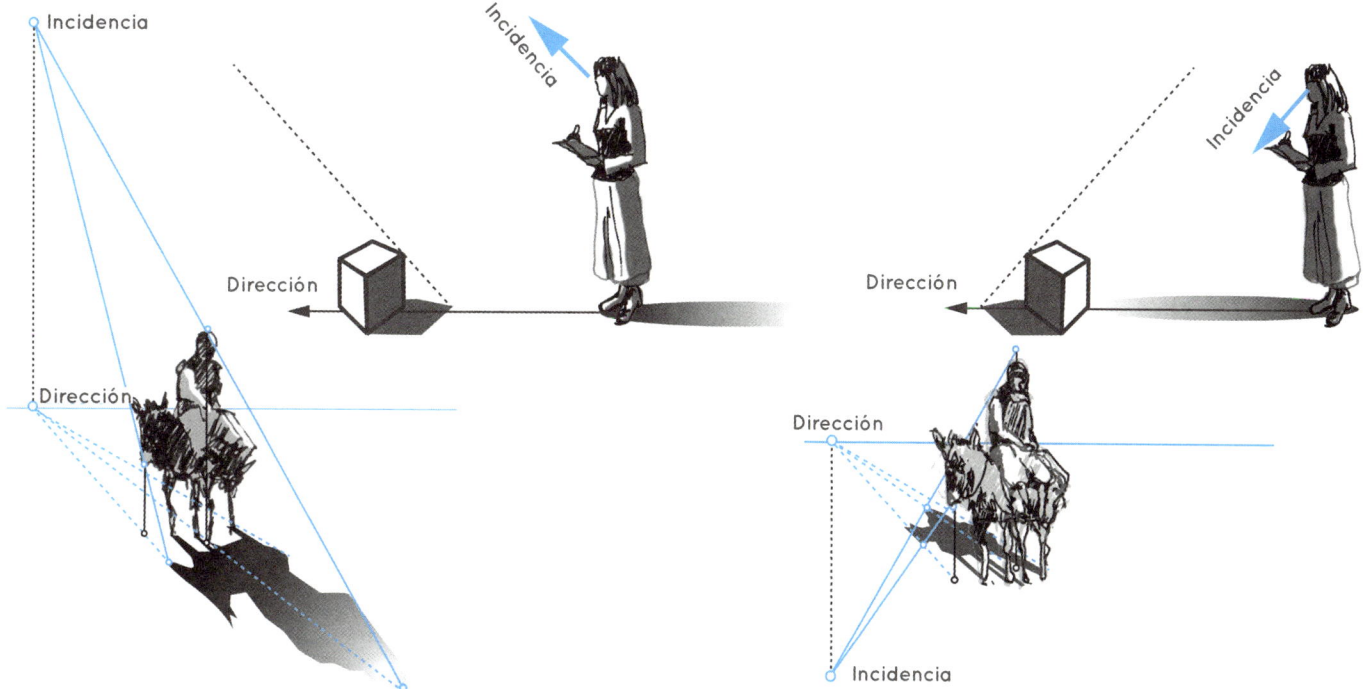

La dirección apunta al horizonte. La incidencia se sitúa por encima del horizonte (el propio sol).

Ventajas y desventajas:

• Las sombras son muy visibles.

• Atención, el sujeto está poco iluminado (a contraluz) y es de esperar que las deformaciones presidan la escena.

La iluminación puntual: puede tratarse de una escena en un interior, de una iluminación urbana, de una escenografía. La iluminación habrá de localizarse de manera espacial.

La dirección apunta al horizonte. La incidencia apunta por debajo del horizonte (diametralmente opuesta al sol).

Ventajas y desventajas:

• La escena está bien iluminada.

• Atención, las sombras son pequeñas y en parte quedan tapadas por el sujeto.

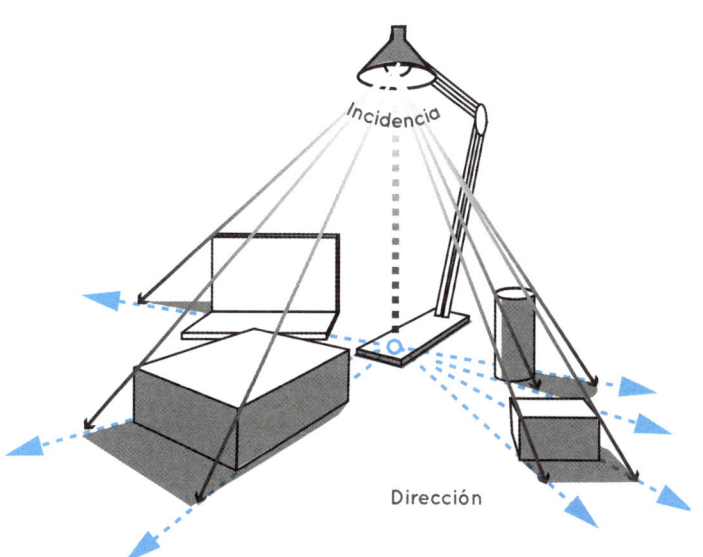

La dirección corresponde al suelo (la fuente lumínica la emite a plomo). La incidencia es la fuente lumínica en sí misma.

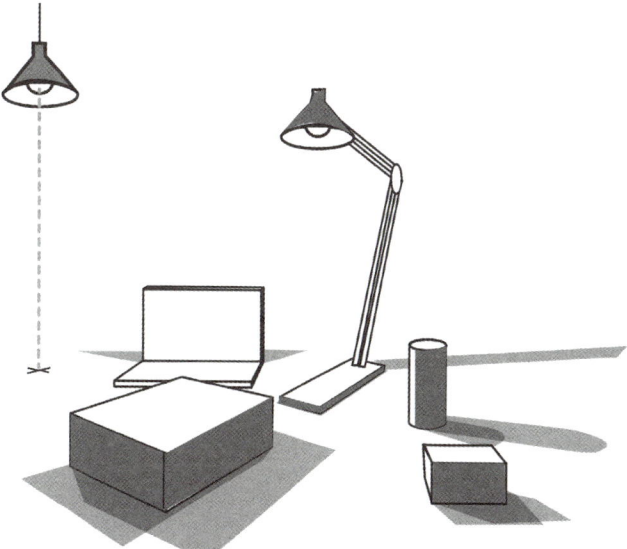

Cuando nos encontramos con múltiples iluminaciones, las luces deben sumarse.

Los reflejos

Sobre una superficie horizontal

Hay que pensar en el reflejo como en un mundo pegado al nuestro, pero que se manifiesta del revés bajo la superficie reflectante (fig. 1). Las alturas se duplican sin escorzo en relación con su distancia respecto a la superficie reflectante. Los puntos de fuga del mundo real siguen siendo válidos para los reflejos (fig. 2). Si la zona reflectante no está en contacto con la escena, debemos trazar el reflejo sobre la totalidad del suelo (fig. 3), para luego eliminar aquellas zonas que no sean reflectantes (fig. 4).

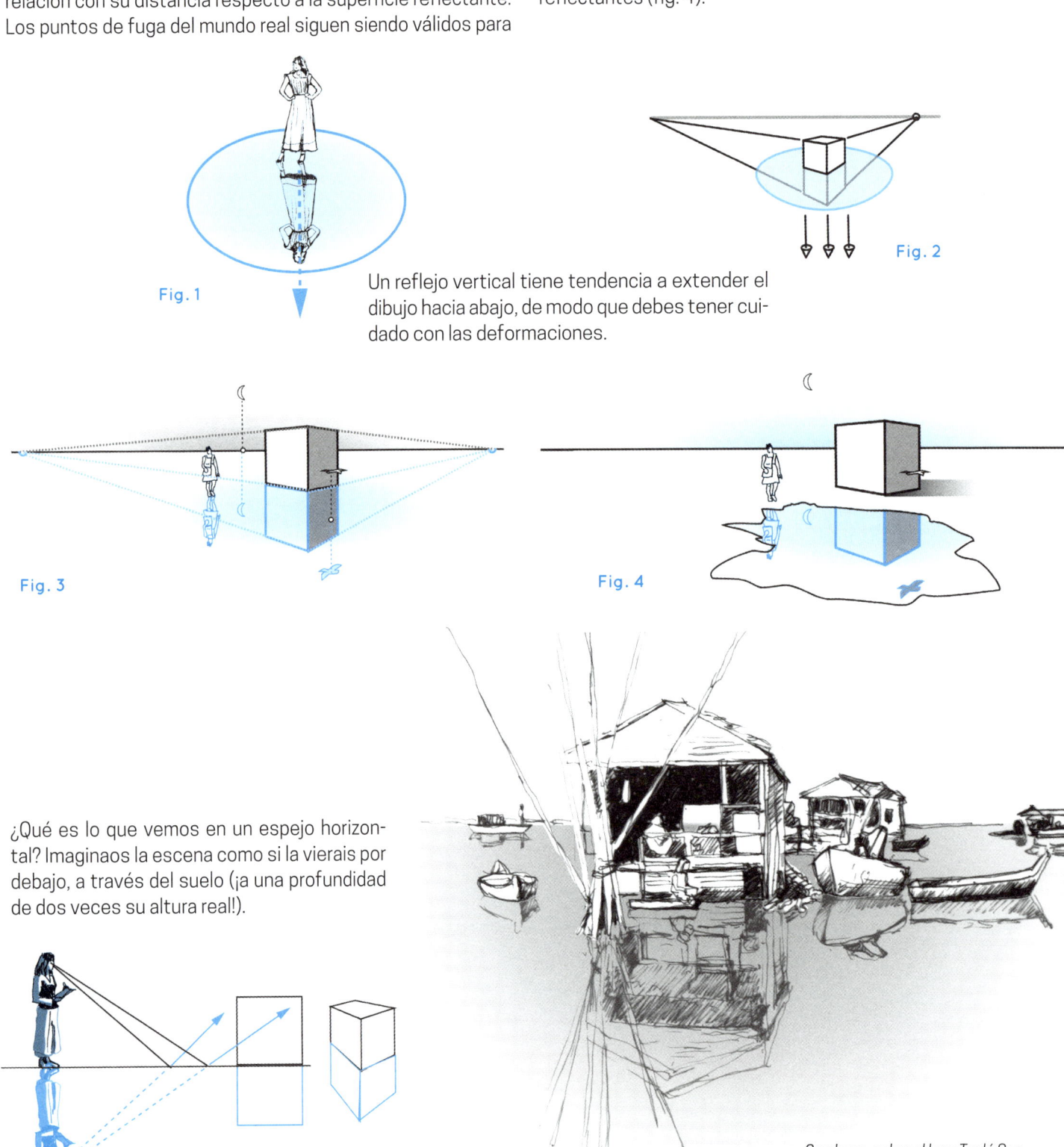

Un reflejo vertical tiene tendencia a extender el dibujo hacia abajo, de modo que debes tener cuidado con las deformaciones.

¿Qué es lo que vemos en un espejo horizontal? Imaginaos la escena como si la vierais por debajo, a través del suelo (¡a una profundidad de dos veces su altura real!).

Camboya, sobre el lago Tonlé Sap

Sobre una superficie vertical

Las cosas se reflejan perpendicularmente a la superficie de un espejo. Sabiendo la dirección del espejo, podremos deducir entonces la dirección de su reflejo a partir del punto **0**.

¿Qué es lo que vemos en un espejo vertical? Debemos imaginar la escena como si esta fuera vista por su propio reflejo, a través del espejo (¡a una distancia dos veces más lejana en el eje de reflexión!). Fijaos en que, en relación con el horizonte, nuestro reflejo es dos veces más pequeño que el espejo, porque se encuentra dos veces más lejos.

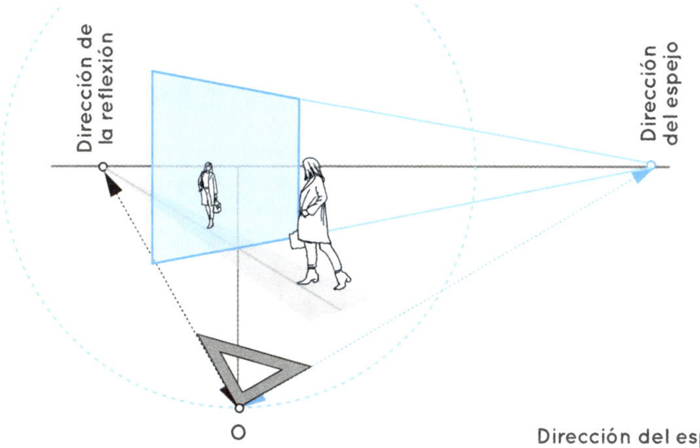

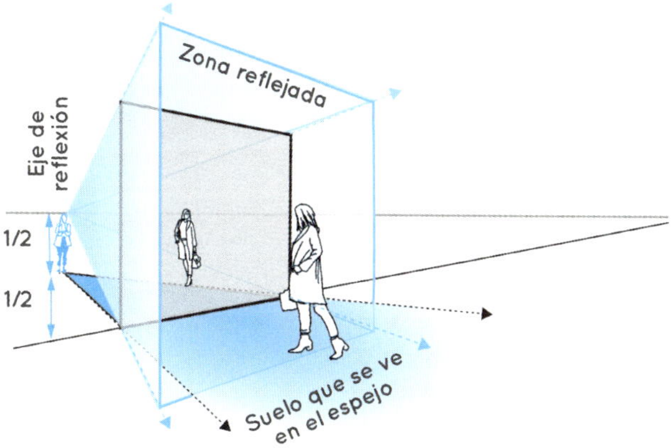

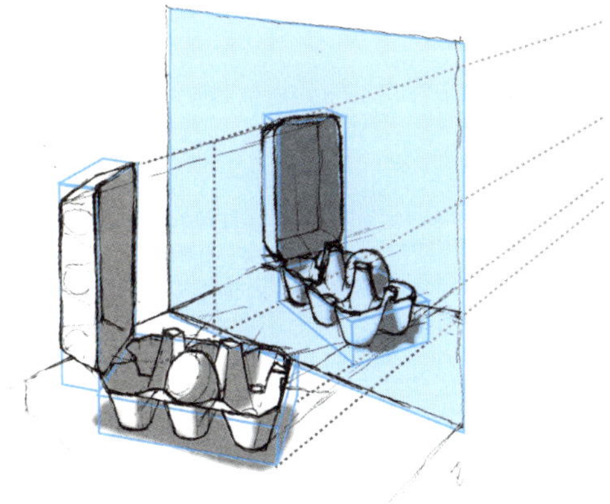

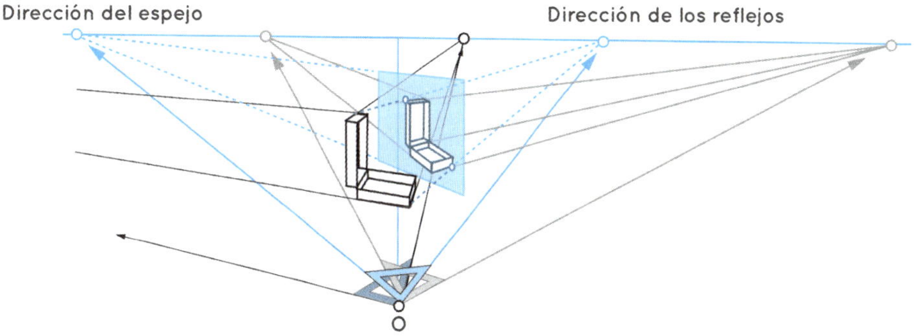

La distancia objeto-espejo es igual a la distancia espejo-reflejo. Esta debe ser trasladada sobre el eje de reflexión teniendo en cuenta el escorzo de la perspectiva. Si dicha distancia se traslada al suelo, esta nos permitirá localizar la base del objeto reflejado.

El desplazamiento de las distancias: 3 soluciones

Geométrico: dividiendo la altura en dos partes iguales (fig. 1).

Frontal: trasladando una distancia en el plano frontal (fig. 2).

En pendiente: buscando una dirección bajo el eje de reflexión (fig. 3).

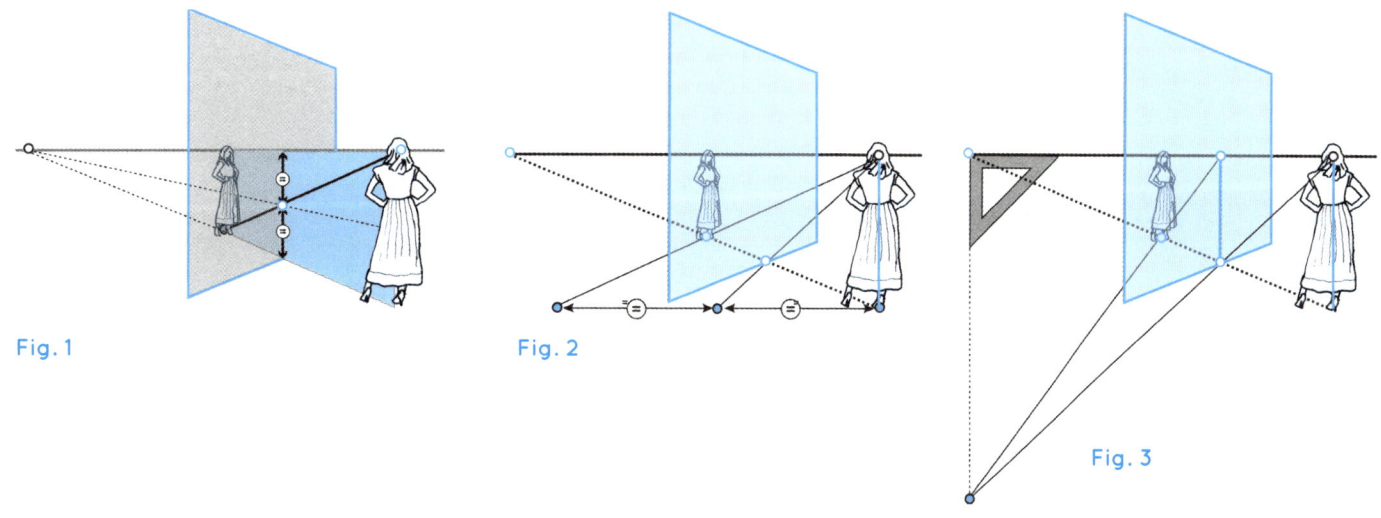

Fig. 1

Fig. 2

Fig. 3

La perspectiva 3D

Aumentando hacia arriba y hacia abajo

Si miramos hacia arriba o hacia abajo, tarde o temprano las verticales cruzarán nuestro campo de visión y deberemos tener en cuenta su dirección. Se tratará de una perspectiva en picado o en contrapicado, que dará lugar a un punto de fuga en las verticales.

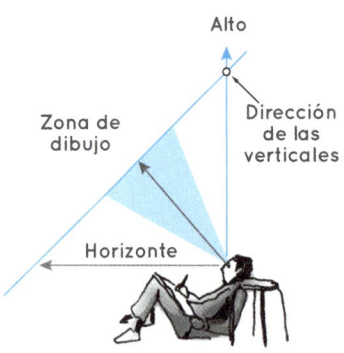

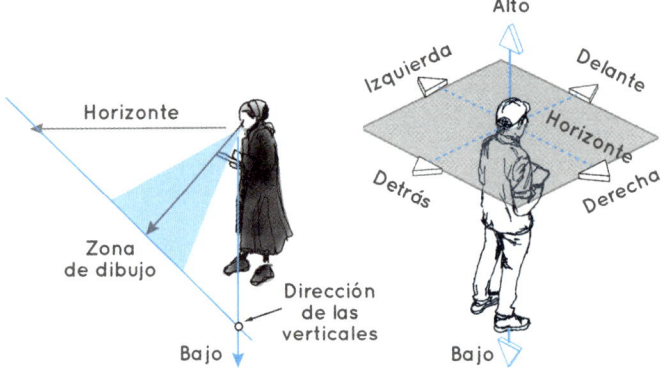

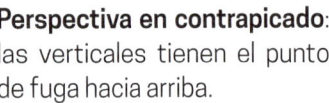

Perspectiva en contrapicado: las verticales tienen el punto de fuga hacia arriba.

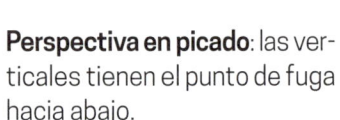

Perspectiva en picado: las verticales tienen el punto de fuga hacia abajo.

De este modo, nos adentramos en un mundo en tres dimensiones (delante-detrás, arriba-abajo, izquierda-derecha).

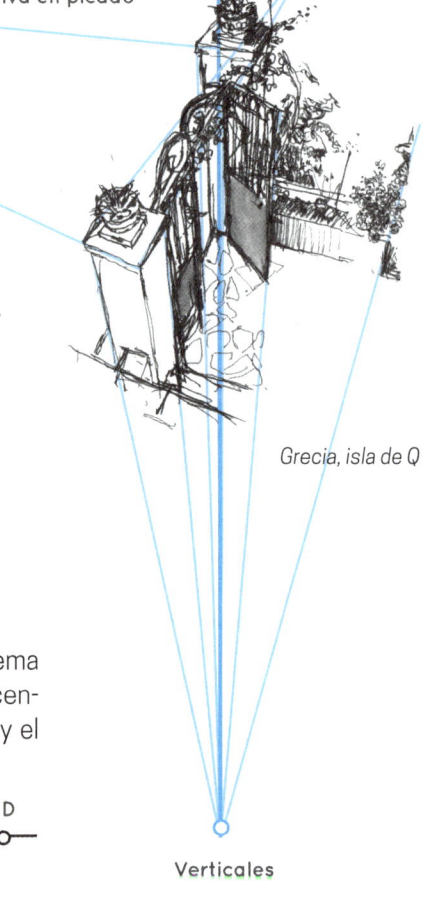

Grecia, isla de Q

Situar los puntos de fuga a partir de un esquema de situación

Hay que analizar la situación visual del dibujante con un esquema de perfil. ¿Dónde están situados su ojo, su horizontalidad, su verticalidad y el centro del objeto de visión?

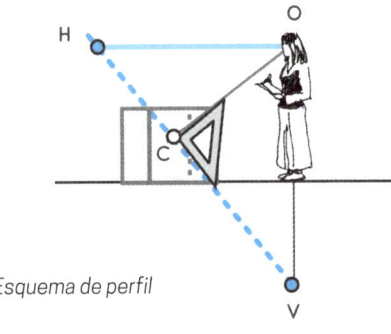

Esquema de perfil

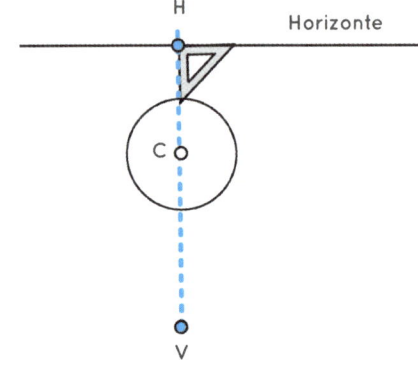

1. Ubicad el lugar en el que se sitúa el ojo (**O**), el horizonte (**H**), la verticalidad (**V**) y el centro de la mirada (**C**).

2. Trazad la distancia **HV** (véase el esquema de perfil a la izquierda) pasando por el centro del dibujo para emplazar el horizonte y el punto de fuga de las verticales (**V**).

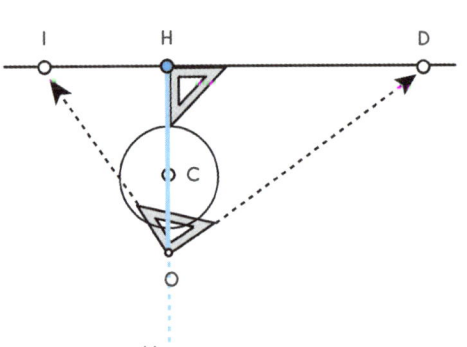

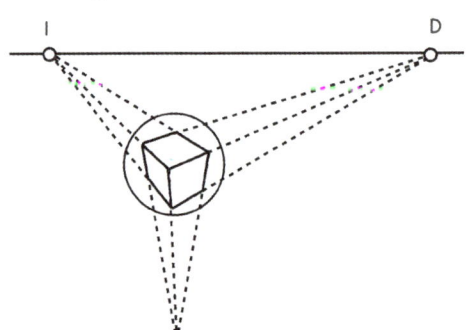

3. Trazad la distancia **O-H** (véase el esquema de perfil) perpendicularmente al horizonte y pasando por el centro del dibujo para establecer una relación en forma de ángulo recto en el horizonte (**I** y **D**).

Situar los puntos de fuga a partir del campo visual

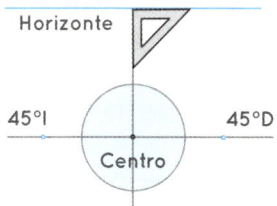

1. Ubicad el horizonte en relación con el campo visual.

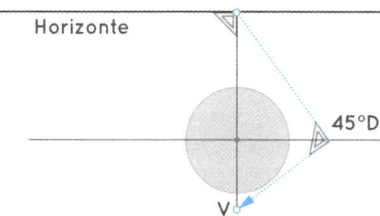

2. A partir de **45 °D**, la horizontalidad y la verticalidad forman un ángulo recto. Sabiendo dónde se encuentra el horizonte delante de vosotros (**H**), podéis situar el punto de fuga de las verticales (**V**).

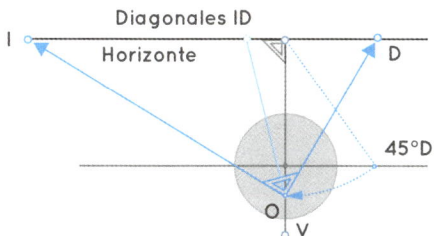

3. Si trasladáis la distancia **H-45 °D** sobre el eje vertical, podéis situar el punto **O** y definir de este modo las direcciones horizontales que se derivan de vuestra elección mediante un ángulo recto (**I** y **D**) (véase «Construir ángulos rectos», pág. 13).

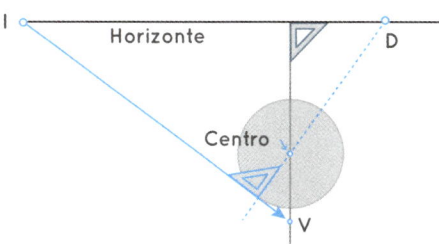

Fijaos en que, si una dirección derecha pasa por el centro, uno de los tres puntos de fuga (**I**, **D** o **V**) deberá ser siempre perpendicular al lado opuesto.

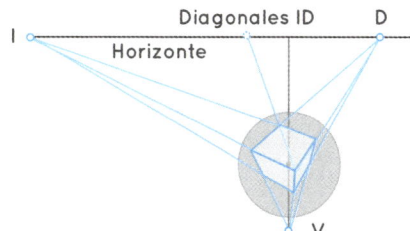

Construcción de un cubo mediante una diagonal horizontal: cuanto más cerca del horizonte esté la zona de dibujo, más se alejará el punto de fuga de las verticales.

Todos los trazados de aquí abajo son idénticos, pero están orientados de un modo distinto con tal de que mantengan un eje vertical y uno horizontal. Solamente las sombras han sido modificadas para generar la ilusión de que el punto de vista es otro.

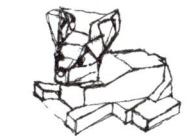

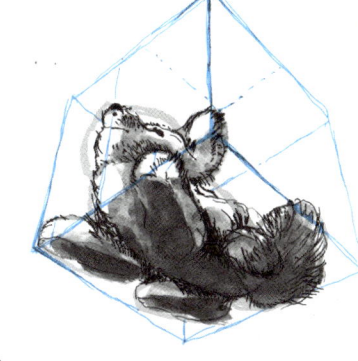

Perspectiva en contrapicado

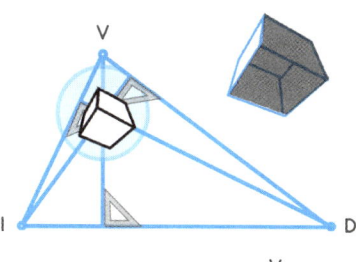

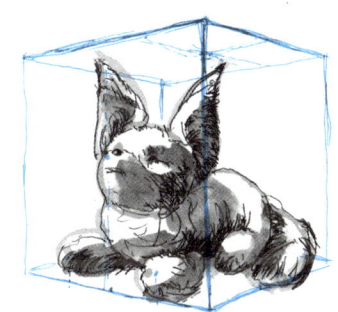

Perspectiva horizontal

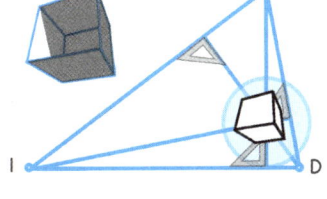

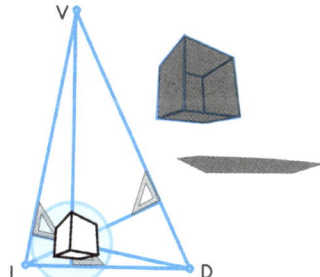

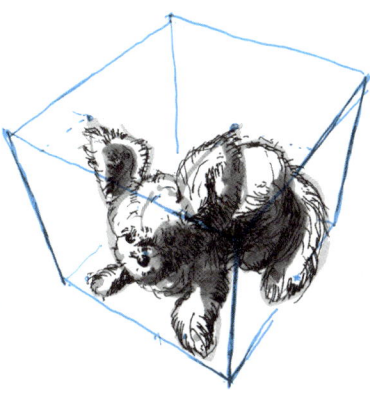

Perspectiva en picado

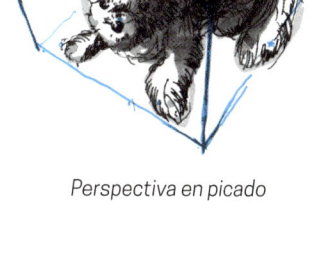

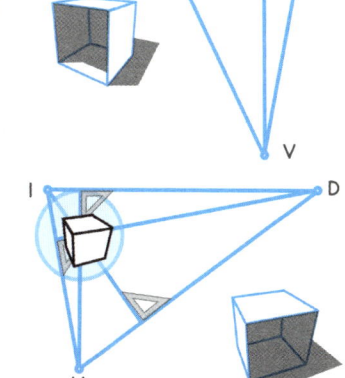

Una perspectiva con tres puntos de fuga permanece igual independientemente del lugar desde donde la observemos, siempre y cuando el horizonte sea horizontal y la vertical atraviese el centro del dibujo.

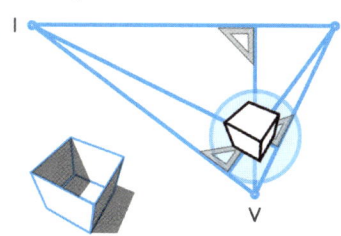

Las panorámicas

La descomposición del campo visual

Según el principio de la perspectiva clásica, es imposible dibujar un espacio mayor a 180° porque solo podemos restituir aproximadamente 60° para evitar las deformaciones (fig. 1). Sin embargo, es posible cubrir los 180° mediante la superposición de tres dibujos (fig. 2).

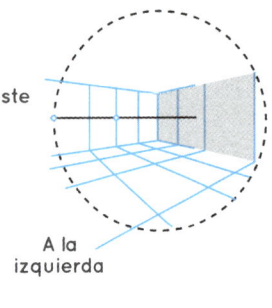

Dirección de la mirada

60°

¿Oeste?   ¿Este?

Fig. 1

De frente

Hacia la izquierda   Hacia derec...

Este   Oeste

Fig. 2

A continuación, los tres dibujos de este espacio interior.

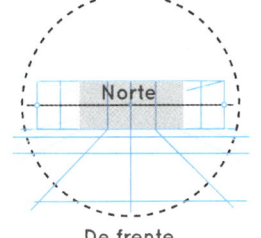

Oeste

A la izquierda

Norte

De frente

Este

A la derecha

Una visión de 180°

La yuxtaposición de los tres dibujos nos permitirá hacer comprensible la izquierda y derecha de nuestro campo visual. De este modo, resulta posible desplazarse de forma progresiva de un punto de vista al otro inclinando ligeramente las rectas frontales que cruzan el dibujo.

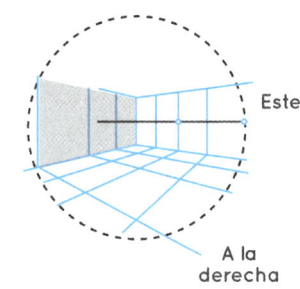

Oeste   Norte   Este

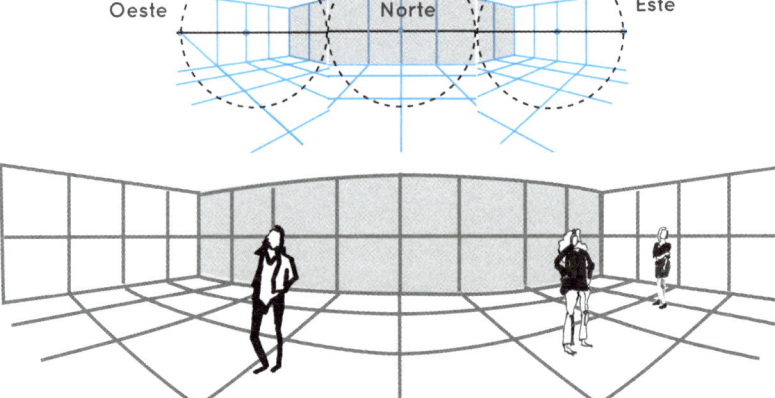

Interior, Marcillat-en-Combrailles

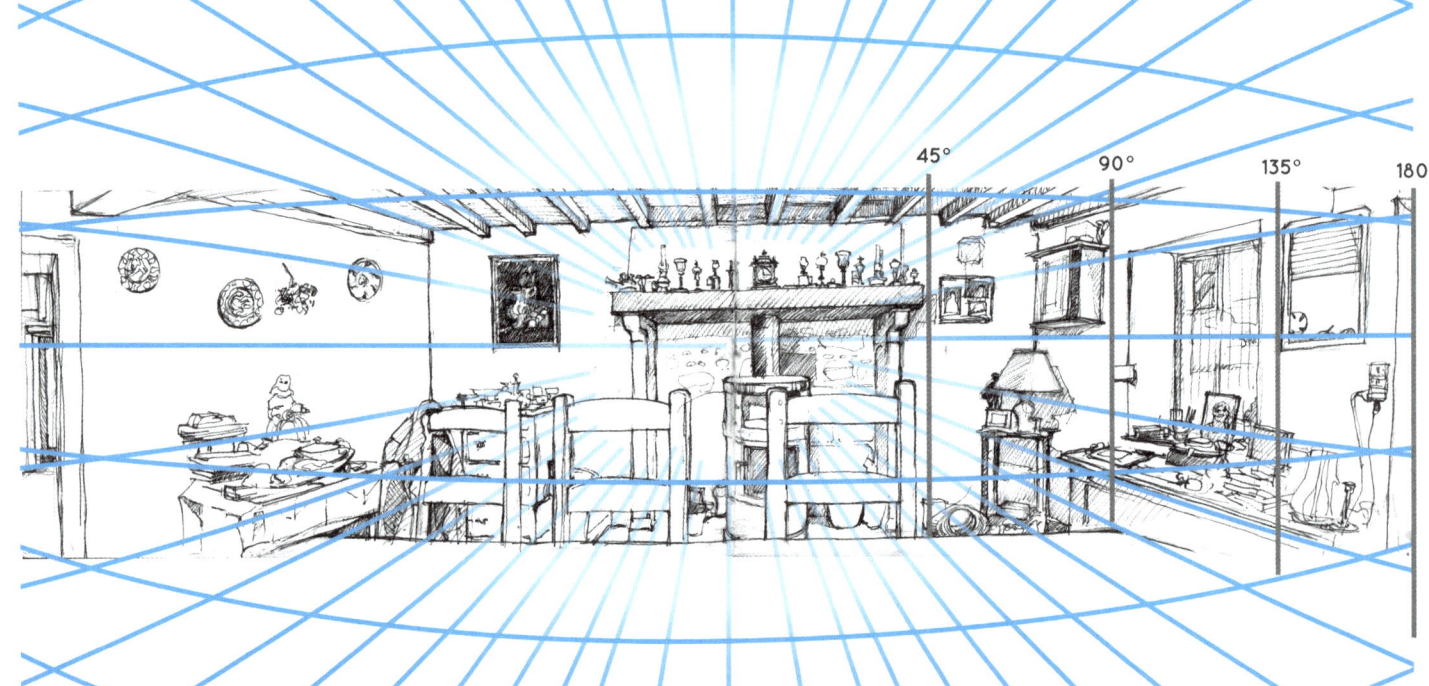

45°   90°   135°   180°

Un paseo de la mirada

La panorámica invita a pasear la mirada, ya que se trata de una yuxtaposición discreta de varios puntos de vista en 180°.

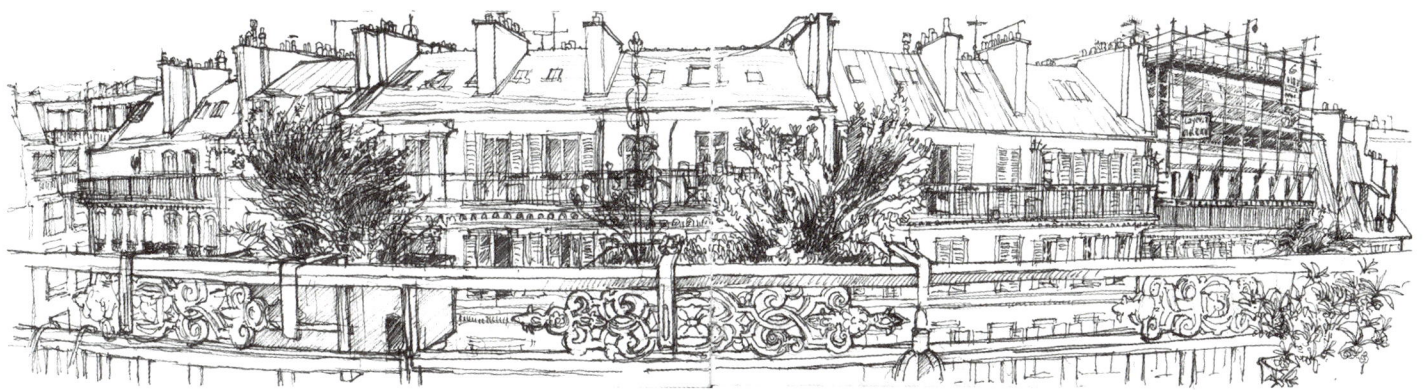

París, rue Paul Escudier

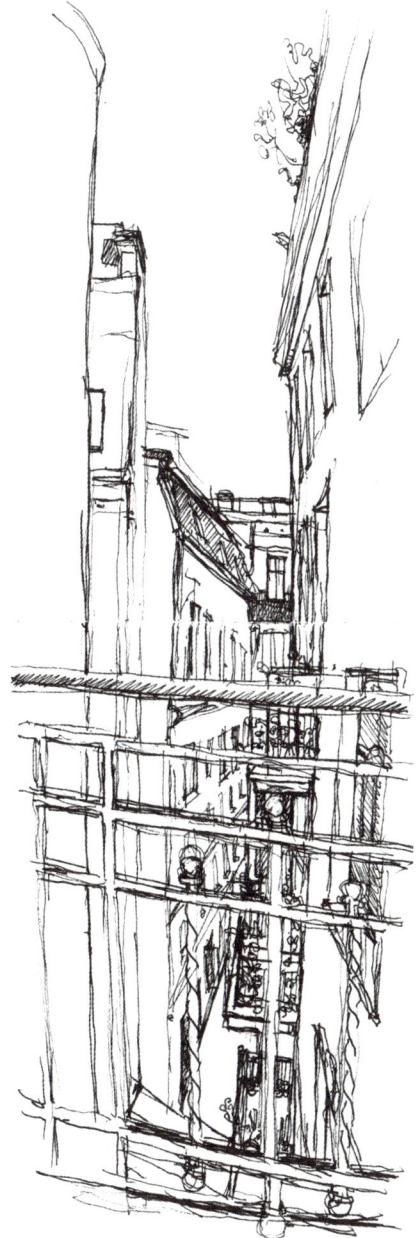

Viena, pensión Riedl

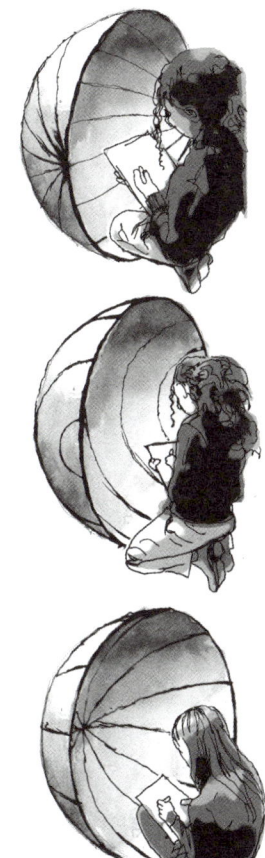

Los métodos y las formas de resolverlo son muchos. El más simple consiste en limitarse a la simple yuxtaposición coherente y de transición fácil.

Las curvas deben ser discretas. No es cuestión de forzar la mirada hacia uno y otro lado del dibujo, sino abarcar la izquierda y la derecha con la mayor comprensión posible... Del mismo modo que lo hace nuestro cerebro. Así, la razón tomará las riendas de la geometría.

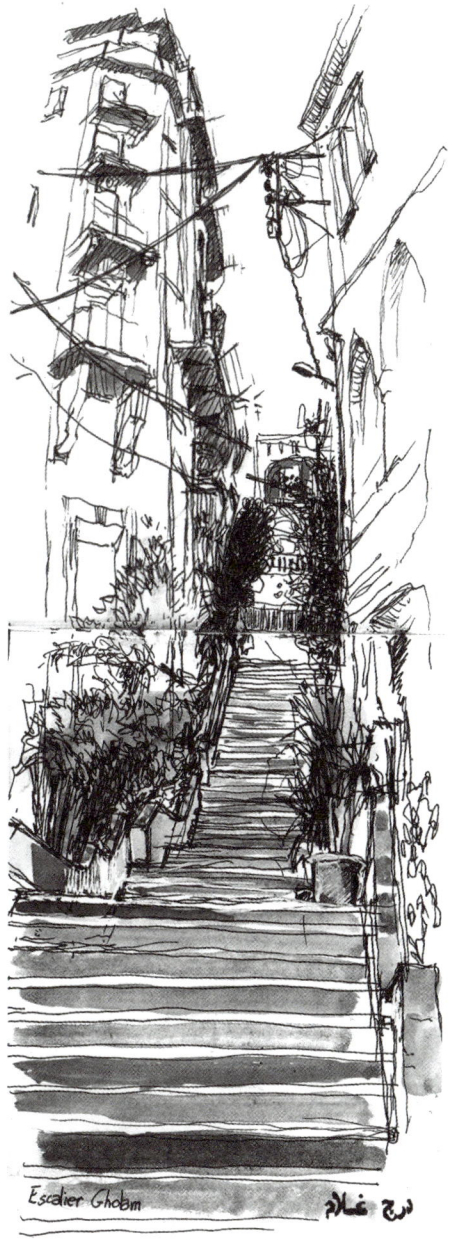

Beirut, escalera Golem

Bibliografía

Del mismo autor:

—Yves Leblanc, *L'art du dessin en perspective*, Éditions Fleurus, 2009.

Los precursores:
—Euclides (siglo III a. C.), para la geometría.

—Alhacén (en torno al año 1000), para la óptica geométrica y fisiológica.

—Girard Desargues (siglo XVII), fundador de la geometría proyectiva.

Los estudios geométricos:
—Louis Parrens, *Traité de perspective d'aspect: Tracé des ombres*, Éditions Eyrolles, París, 1993.

—Maurice Voilquin, *Géométrie descriptive*, colección «Durrande», vols. 1 y 2, Éditions Bordas, París, 1995.

La conciencia pedagógica:
—Ernest Norling, *Perspectiva fácil. Las bases del dibujo en veinte pasos*, Editorial GG, Barcelona, 2024.

La aproximación visual:
—Jason Cheeseman-Meyer, *Vanishing Point: Perspective for Comics from the Ground Up*, Éditions Impact, 2007.

La neurociencia:
—Alain Berthoz y Jean-Luc Petit, *Phénoménologie et Physiologie de l'action*, Éditions Odile Jacob, París, 2006.

—Alain Berthoz ha publicado muchas otras obras en Éditions Odile Jacob que os invito a descubrir.

La percepción:
—Yves Le Grand, *Optique physiologique*, Éditions La Revue d'optique, París, 1952.

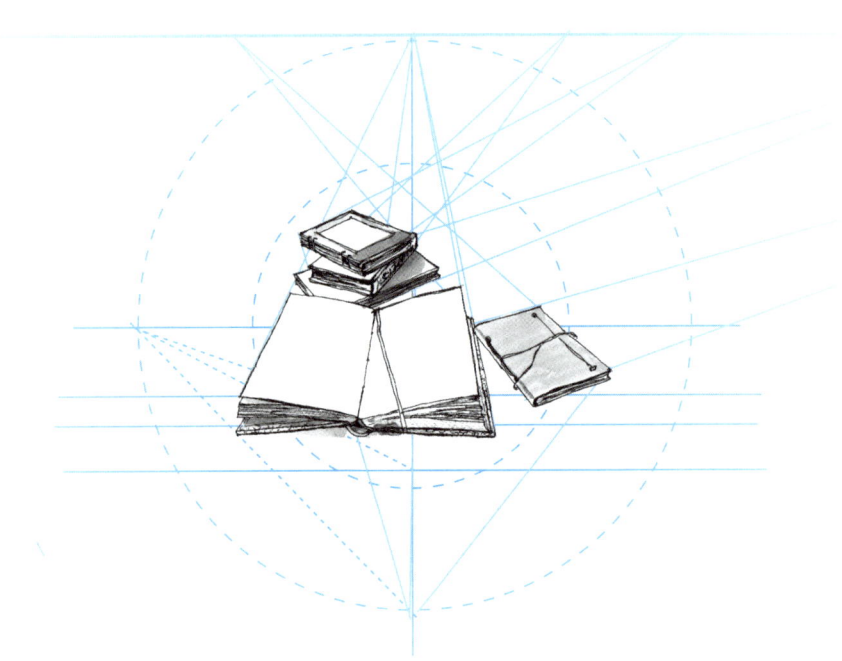